Die Torheit Gottes

»Hier stehe ich. Ich kann nicht anders. Ich gebe zu, dass mich als Philosophen die Theologie schon immer betört und durch einen schlangengleichen Verführer dazu verleitet hat, von der verbotenen Frucht zu essen, obwohl ich mich doch mit klarem Verstand und nüchterner Besonnenheit auf den Weg meiner philosophischen Karriere gemacht habe. Es ist eine persönliche Verrücktheit und Schwäche: Ich habe es nie geschafft, nicht von Religion, Gott und Theologie zu sprechen, so sehr ich es auch versucht habe. Ich habe diese Stimmen mein ganzes Leben lang gehört. So wurde ich gerade durch die Dekonstruktion von Religion dazu geführt, eine offenkundig religiöse Sprache anzunehmen. Aber lassen Sie sich im Voraus warnen: Es ist möglicherweise nicht die Religion, die Sie erwarten.«
John D. Caputo

John D. Caputo

Die Torheit Gottes
Eine radikale Theologie des Unbedingten

Mit einer aktuellen Einleitung des Autors
und einem Nachwort von Helena Rimmele,
Herbert Rochlitz und Michael Schüßler

Aus dem Englischen von Helena Rimmele und
Herbert Rochlitz

Matthias Grünewald Verlag

VERLAGSGRUPPE PATMOS
PATMOS
ESCHBACH
GRÜNEWALD
THORBECKE
SCHWABEN
VER SACRUM

Die Verlagsgruppe
mit Sinn für das Leben

Die amerikanische Originalausgabe erschien 2016 unter dem Titel:
John D. Caputo, The Folly of God. A Theology of the Unconditional,
Polebridge Press, Salem, 2016
ISBN 978-1-59815-171-8
© John D. Caputo

Die Verlagsgruppe Patmos ist sich ihrer Verantwortung gegenüber unserer Umwelt bewusst. Wir folgen dem Prinzip der Nachhaltigkeit und streben den Einklang von wirtschaftlicher Entwicklung, sozialer Sicherheit und Erhaltung unserer natürlichen Lebensgrundlagen an. Näheres zur Nachhaltigkeitsstrategie der Verlagsgruppe Patmos auf unserer Website www.verlagsgruppe-patmos.de/nachhaltig-gut-leben
Übereinstimmend mit der EU-Verordnung zur allgemeinen Produktsicherheit (GPSR) stellen wir sicher, dass unsere Produkte die Sicherheitsstandards erfüllen. Näheres dazu auf unserer Website www.verlagsgruppe-patmos.de/produktsicherheit. Bei Fragen zur Produktsicherheit wenden Sie sich bitte an produktsicherheit@verlagsgruppe-patmos.de

Bibliografische Information der Deutschen Nationalbibliothek
Die Deutsche Nationalbibliothek verzeichnet diese Publikation in der Deutschen Nationalbibliografie; detaillierte bibliografische Daten sind im Internet über http://dnb.d-nb.de abrufbar.

3. Auflage 2025
Alle Rechte vorbehalten
© 2022 Matthias Grünewald Verlag
Verlagsgruppe Patmos in der Schwabenverlag AG, Senefelderstr. 12, 73760 Ostfildern
www.gruenewaldverlag.de

Umschlaggestaltung: Finken & Bumiller, Stuttgart
Gestaltung, Satz und Repro: Schwabenverlag AG, Ostfildern
Druck: CPI books GmbH, Leck
Hergestellt in Deutschland
ISBN 978-3-7867-3298-3

Inhalt

Einleitung zur deutschen Ausgabe 9
John D. Caputo

Einführung 21
Das Interesse der Theologie   21

1. Gott ist kein »höchstes Wesen« 27
Das höchste Wesen   27
Theologie beginnt mit Atheismus   30
Der Seinsgrund   34

2. Das Unbedingte 39
Sich mit den Kräften der Dekonstruktion verbünden   41
Das Dekonstruierbare   45
Das nicht Dekonstruierbare   49
Das protestantische und das jüdische Prinzip   51

3. Proto-Religion 57
Die reine Torheit einer Proto-Religion   58
Zwei Beispiele   62

4. Wie lange wird es Religion noch geben? 69
Die Priester haben immer eine Frohe Botschaft   69
Ist die Religion es wert, Bestand zu haben?   73

5. Ein Lob auf die Schwachheit 75
Schwachheit im Denken 75
Ein schwacher Messianismus 78
Die Schwachheit Gottes 80
Schwachheit bis ganz unten 83

6. Das Sein des Höchsten Wesens abschwächen 87
Den Seinsgrund abschwächen 88
Die mystische Theologie zum Verstummen bringen 91

7. Eine Theologie des Vielleicht 95
Skepsis gegenüber dem Höchsten Wesen 96
Eine Theologie des Vielleicht 99

8. Die Torheit des Rufes 105
Gottes Verheißung 105
Die Torheit des Rufes 109

9. Senfkörner statt Metaphysik 117
Die Theopoesie des Reiches Gottes 117
Theopoesie 117
Hegels »Vorstellung« 120
Metaphysik statt Senfkörner 124
Hör auf, wenn du in Führung liegst 126
Das Reich Gottes 131

10. Braucht das Reich Gottes eigentlich Gott? 135
Dein Reich komme 137
Die Insistenz des Reiches Gottes 141
Kostbare, völlige Verrücktheit 143
Genug gesagt 149

Bibliographie.. 153

Resonanzen: Zugänge zu John D. Caputos »Die Torheit Gottes«.. 157
Trialog: Zugänge in verschiedenen Perspektiven   157
Epilog: Caputo in der deutschsprachigen Theologie   164

Über den Verfasser 167

Einleitung zur deutschen Ausgabe

Ich bin äußerst zufrieden, dass nun eine deutsche Übersetzung von »Die Torheit Gottes« erscheint und danke allen, die diese möglich gemacht haben. Mein Dank gilt vor allem Herbert Rochlitz und Helena Rimmele für ihre hervorragende Übersetzung, die sie ursprünglich für ihre Arbeit in der Kirchengemeinde Emmendingen-Teningen nutzen wollten; Christiane Bundschuh-Schramm, Michael Schüßler, Volker Sühs und allen Mitarbeiterinnen und Mitarbeitern des Grünewald-Verlags sowie David Gediga und Kathrin Wache, die die deutschen Literaturangaben recherchiert haben. Ihnen allen sage ich »vielen Dank!« Eine deutsche Übersetzung passt besonders gut zu »Die Torheit Gottes«, weil eine der zentralen Figuren des Buches Paul Tillich (1886–1965) ist. Tillich war ein bedeutender deutscher Theologe, dessen Buch »Die sozialistische Entscheidung« (1933) ihn seinen Job in Frankfurt kostete. Dies war der Anlass für seine Auswanderung in die Vereinigten Staaten. Auf diese Weise wurde das große Erbe des deutschen Idealismus nach Upper Manhattan verpflanzt und dieser begann, Englisch zu sprechen. Tillich hatte behauptet, dass der Nationalsozialismus reaktionär und irrational sei, der sowjetische Sozialismus seelenlos und rationalistisch. Das Christentum sei demgegenüber der wahre Sozialismus, eine prophetische Leidenschaft für die Geringsten unter uns. Diese hervorragende Argumentation wurde von der lutherischen Kirche nicht angenommen, was enttäuschend war und wurde auch von den Nazis nicht gerne gesehen, was nicht überraschend war. Das Buch hätte ihn wohl mehr als seinen Job gekostet, wenn er noch länger in Deutschland geblieben wäre. Tillich sagte, dass er damals dachte, dies sei das Ende seiner Laufbahn als Theologe, Theologie könne man nur auf Deutsch und in Deutschland betreiben. Damit lag er nicht ganz richtig. Denn auch in den USA gelang ihm eine beeindruckende Karriere, er wurde ein bekannter Intellektueller von internationalem Rang. Dennoch kann ich nachvollziehen, wie Tillich auf diesen Gedanken kommen konnte: Deutsch ist die Sprache der großartigen kreativen Genies der modernen Philosophie und Theologie und so ist es für mich eine nicht geringe Ehre zu erleben, dass mein Buch so in der deutschsprachigen Welt willkommen geheißen wird. Wo auch immer Paul Tillich jetzt ist – vielleicht lächelt er uns gerade zu.

***

Die Religion ist in Schwierigkeiten. Das ist die ebenso traurige wie einfache Wahrheit – und es ist schon bedauerlich, ein Buch über Gott so beginnen zu müssen. Das gilt für die Vereinigten Staaten, aber es ist nicht minder zutreffend für Europa. Der religiöse Glaube wird von Tag zu Tag unglaubwürdiger. Mehr und mehr wird er zur letzten Bastion für Reaktionäre, die Überlegenheit der weißen Rasse, Fremdenfeindlichkeit, Misstrauen gegen die Wissenschaft, Patriarchat und Homophobie, ein Hort für alle, die den Pluralismus unserer Zeit mit Sodom und Gomorrha gleichsetzen. Soziologisch gesprochen verliert die Religion bei einem wachsenden Teil der Bevölkerung immer mehr an Boden, insbesondere bei jungen Menschen, in städtischen Milieus und bei Gebildeten und beschränkt sich immer mehr auf eine alternde ländliche Bevölkerung. Die katholische Priesterschaft und besonders die Ordensgemeinschaften dünnen mehr und mehr aus, der Kirchenbesuch nimmt seit Jahrzehnten kontinuierlich ab, eine Entwicklung, die durch den Missbrauchsskandal noch verschärft wird. Auf Englisch sagen wir, dass die »Nonnen« im Schwinden sind, die »Nones« (nicht religiös gebundene Menschen) dagegen zunehmen. Auch die protestantischen Großkirchen leeren sich, ihre alten Gebäude werden zu schicken Restaurants umgebaut. In den Vereinigten Staaten hat die Unterstützung, die Donald Trump von evangelikalen Protestanten und konservativen Katholiken erhalten hat, ihren Ruf nachhaltig getrübt und ihnen mehr geschadet, als ihre schärfsten Kritiker es je gekonnt hätten. Die religiöse Rechte befürchtet, dass ihre Welt vor ihren Augen verschwindet und liegen damit nicht einmal ganz falsch. Ihre kleinen Städte und Farmen, ihre Arbeitsplätze in der Industrie und ihre Familienbetriebe verschwinden und die junge Generation konsumiert Drogen und zieht weg. Aber anstatt sich diesem Wandel der Zeiten anzupassen, halten sie instinktiv sogar mit Gewalt dagegen, wie der Sturm auf das Kapitol in Washington D.C. am 6. Januar 2021 gezeigt hat. Bei all dem glauben sie, dass Gott auf ihrer Seite steht und dass die Religion ihr Zufluchtsort ist. Wie es der frühere Präsident Barack Obama einmal ausgedrückt hat: Sie suchen ihr Heil in Gott und in Gewehren. Natürlich ist es unvermeidlich, dass ich auf meine Erfahrungen mit Religion in Amerika zurückgreife, aber ich gehe davon aus, dass deutsche Leserinnen und Leser ähnliche Problemanzeigen auch in Deutschland kennen.

Ich behaupte nicht, dass »Die Torheit Gottes« die Lösung all dieser tiefsitzenden und komplexen Probleme ist, die sowohl soziologischer als auch theologischer Natur sind. Aber ich hoffe, mit diesem Buch zu ihrer Lösung beitragen zu können. Dazu wäre es meines Erachtens hilfreich, sich darauf zurückzubesinnen, was wir mit Religion, Theologie und natürlich nicht zuletzt, sondern zu allererst und immer mit dem Begriff Gott eigentlich meinen; ebenso hilfreich wäre es, sich daran zu erinnern, dass Religion nicht die Kreuzigung unseres Verstandes erfordert. So wenig wir heutzutage einander vertrauen können, so gespalten und polarisiert wir auch sein mögen, das, was uns verbindet, darf nicht zerbrechen. Wir sitzen alle im selben Boot. Wir suchen nach etwas, das übergreifend und uns gemeinsam ist und das dazu beiträgt, diese spaltenden Debatten zu entschärfen, die Aufspaltung zwischen religiös und säkular, Theisten und Atheisten, Stadt und Land, rechts und links. Es geht hier um etwas, das die tiefsten Saiten unseres Herzens zum Klingen bringt, etwas, das man nicht in »Religion« einsperren kann und das auch auf den Skalen der »säkularen« Welt angezeigt wird.

Was könnte das sein? Tillich nannte es das »Unbedingte«, also das, was alles andere bedingt, das, was wir sagen, denken und ersehnen, das, was ist, aber was durch nichts anderes bedingt wird. Dieser Begriff ist das Herzstück der Tradition des deutschen Idealismus, der von Kant bis Hegel reicht und auch Schelling einschließt, um den sich Ende des 19. Jahrhunderts in Tübingen eine katholische theologische Schule bildete. Aber man muss kein deutscher Metaphysiker sein, um das zu begreifen. Es findet sich auch wieder in den Worten, die der Heilige Paulus auf dem Areopag sprach, als er, der mit Geringschätzung auf die Philosophie herabblickte, dennoch auf das Bezug nahm, »worin wir leben, uns bewegen und sind.« (Apg 17). Aber wer ist denn eigentlich »wir«? Alle, Griechen und Juden, all die sterblichen menschlichen Wesen, also alles und jeder! Passend und vielsagend zugleich zitiert Paulus hier nicht die Heiligen Schriften, sondern einen griechischen Dichter. Er beschreibt dabei ein universales Prinzip, das jeder, der denkt, der es »wagt zu denken« (sapere aude), wiederentdecken kann. Dies ist übrigens ein Motto der Aufklärung. In diesem Sinn ist eine »Theologie des Unbedingten« immer auch radikale Theologie, also eine Theologie für jeden, der es wagt zu denken. Genau deshalb brauchen wir auch dringend eine »neue Aufklärung«, die anders als die alte keine Angst davor hat, sich dabei auch auf religiösem Terrain zu bewegen.

Das Unbedingte ist die elementarste Grundbedingung unseres Lebens, die ultimative Vorannahme, Rahmenbedingung oder der Horizont unseres Lebens. Um es mit einem etwas saloppen Vergleich zu erklären: In der Zeitschrift »The New Yorker« war vor einigen Jahren eine Karikatur, in der ein alter Fisch zwei junge Fische mit den Worten begrüßt: »Wie ist das Wasser, Jungs?« Als der alte Fisch außer Sichtweite ist, fragt einer der jungen Fische den anderen: »Was zum Teufel ist denn eigentlich Wasser?« Um einen ernsthafteren Vergleich heranzuziehen: Das Unbedingte entspricht dem, was die Physiker ein »Feld« nennen, während das, was wir »die Dinge« nennen, Auswirkungen dieses Feldes sind. Schelling nennt es das »Unvordenkliche« – was für ein wunderbares Wort! Ich versuche, Fachbegriffe in diesem Buch auf das notwendige Minimum zu reduzieren, aber die großen Philosophen und Theologen waren sehr kreativ und es wird Sie schon nicht umbringen, wenigstens einen kleinen Vorgeschmack auf ihre äußerst erfinderischen Wortschöpfungen zu bekommen. Schelling meint mit diesem Ausdruck die Tatsache, dass das Unbedingte schon lange am Werk ist, ehe das Denken die Bühne betritt und anfängt, Fragen zu stellen. Tillich, der sowohl seine Doktorarbeit als auch seine Habilitation über Schelling geschrieben hat, drückt das so aus: »Gott ist das Unbedingte, aber das Unbedingte ist nicht Gott.« Warum nicht? Weil es nach einer Zeit, in der Gott traditionell dieses Amt innehatte, auch andere Kandidaten gibt, die sich um diesen Posten bewerben – wie z. B. »Materie« oder heutzutage »Informationssysteme«. Gott ist nach Tillich ein Symbol für das Unbedingte in einem bestimmten historischen Kontext. Die Gläubigen springen auf, um zu protestieren: Das ist ja schrecklich – nur ein Symbol? Wenn ihr verstehen würdet, was ein Symbol ist, antwortet Tillich, würdet ihr niemals sagen: »nur ein Symbol«! Menschen töten und sterben für Symbole. Symbole sind keine willkürlichen, aus einer Laune heraus geschaffenen Fiktionen. Sie werden in den Feuern der Geschichte geschmiedet, sie werden aus Blut, Schweiß und Tränen der Erfahrung geboren. Sie können nicht durch eine logische Argumentation widerlegt werden, aber sie können ihre Macht verlieren, wenn wir uns nicht mehr in ihnen wiedererkennen. (Genau das passiert unter dem Einfluss der religiösen Rechten heute mit dem Wort »Gott«). Wenn das geschieht, können Symbole auch nicht mehr durch eine logische Argumentation gerettet werden. Deshalb meine ich, dass Theologie, eine wirklich radikale Theologie, gar keine »-logie« im engeren Sinn ist. Denn sie ist keine »Logik«. Theologie ist Poesie, Theopoesie, die die Denkanstöße unserer religiösen Symbole so gut es geht ins Wort zu bringen versucht.

Das heißt, dass das Unbedingte schon da ist, bevor alles in religiös und säkular, rechts und links, heterosexuell und homosexuell etc. aufgespalten wird. Was ist denn dann Religion? Ich sollte wohl zuerst darauf hinweisen, dass Tillich bereits 1965 gestorben ist. Wenn heute diese Frage, besonders in einem universitären Umfeld, gestellt wird, ist die erste Antwort, die man darauf zu hören bekommt, eine Kritik des Wortes »Religion«. Das Wort stammt aus dem »christlichen Latein« und hat erst in unserer Zeit seine heutige Bedeutung entfaltet. Im Mittelalter wurden damit in erster Linie die religiösen Ordensgemeinschaften im Unterschied zu weltlichen Lehrmeistern bezeichnet. Das Wort Religion hat eine Geschichte, die unentwirrbar verknüpft ist mit Eurozentrismus, Kolonialismus und der Zwangsbekehrung indigener Völker zur »*wahren* Religion«. Mit anderen Worten: Heutzutage ist ausgerechnet die Religion ein seltsamer Ort, um das zu suchen, was uns verbindet, weil dieses Wort in unserer Zeit eher zu einem Stein des Anstoßes geworden ist, in dem all das steckt, was uns trennt.

Wie dem auch sei, Tillich selbst hat gesagt, dass das Hauptthema von »Religion« das Unbedingte ist, so dass Religion heißt, von etwas ergriffen zu sein, das unbedingte Bedeutung hat und uns im letzten und unbedingt angeht. Das alles fließt zusammen im zentralen Symbol für das Unbedingte, nämlich Gott. Diese Definition gefällt mir, weil sie ganz ohne Kerzen, Klerus, Predigten, Dogmen und Kirchensteuer auskommt. Tillich sagt, dass Religion in unterschiedlichsten kulturellen Kontexten zu finden ist, überall dort, wo etwas von unbedingter Bedeutung im Spiel ist – in Kunstwerken, in einem Forschungslabor, einem Klassenzimmer, einer Ebola-Klinik in Westafrika oder einer Suppenküche, in den Ritualen indigener Völker, in der Art und Weise, wie wir im täglichen Leben miteinander umgehen, ja sogar in einem alten Hut auf dem Dachboden, der einem schon lange verstorbenen geliebten Angehörigen gehört hat und durch den wir mit den Geheimnissen von Leben und Tod konfrontiert werden. Religion kann nicht in ein Gotteshaus eingesperrt werden. Tillich unterscheidet also eine Art »Proto-Religion« des Unbedingten von Religion im engeren Sinn.

Diese Proto-Religion ist nicht ein bestimmter Teil der Kultur, die von einem »weltlichen« Teil zu unterscheiden ist, sondern sie ist das tiefste Innere von Kultur, die Tiefendimension von jedem Teil der Kultur, die er den »Seinsgrund« nennt. Egal wo man anfängt, ausgehend vom eigenen Standpunkt wird man überall dort, wo man sich selbst in der Kultur wiederfindet – ob mit oder ohne Religion im engeren Sinn – und wenn man nur anfängt zu graben und tief genug gräbt, immer auf eine theologische Tiefendimension stoßen, d. h. auf Dinge von unbedingter Wichtigkeit und Bedeutung. Tillich sagt also: Wage zu denken, aber trau dich auch, diese theologische Tiefe zu erreichen. Das bedeutet auch, dass andere Kulturen – und heutzutage auch die Vielfalt der Menschen in unserer multikulturellen Gesellschaft – andere Symbole haben, in denen sie auf ihre je eigene Weise das Unbedingte in Wort und Bild, Lied und Tanz ausdrücken. Das Sein, so meinte Aristoteles vor langer Zeit, wird auf vielfältige Weise ausgedrückt. Allerdings!

Ob man also in Tillichs Sinn religiös ist, entscheidet sich nicht an der Frage nach der eigenen Religionszugehörigkeit. Es geht nicht darum, ein Formular entsprechend auszufüllen – es geht vielmehr um eine Lebensform. Es geht nicht darum, »autonom« zu leben, so als könne man alles selbst machen, und auch nicht darum, sein Leben »heteronom« zu gestalten, indem man einfach Befehle von anderen befolgt, sei es von der Kirche oder der Bibel, der Partei oder dem Staat. Es geht vielmehr um eine Lebensform, die Tillich »theonom« nennt. Damit beschreibt er ein Leben, das aus den tiefsten Quellen des Seins heraus gelebt wird, aus denen wir den »Mut zum Sein« schöpfen können angesichts aller Kräfte des Nichtseins, der Gier und Selbstsucht, der Aggression und Gewalt. Wenn uns diese Religion im Sinne Tillichs fehlt, dann taugen wir zu gar nichts, wo wir doch, einer Aufforderung Jesu folgend, Salz der Erde sein sollen. Es ist unschwer zu erkennen, dass es mit einer Religion im von Tillich beschriebenen Sinne Engstirnigkeit, Grabenkämpfe, religiöse Gewalt und rückwärtsgewandte reaktionäre Rechte nicht mehr in die Schlagzeilen schaffen würden. Die säkulare Linke – diesen Aspekt kann ich nicht verschweigen – wäre dann nicht mehr die spottende Vorhut der »Gebildeten unter den Verächtern der Religion«, wie Schleiermacher sie nannte. Wir würden erkennen, dass wir in dieser Hinsicht alle in einem Boot sitzen. In welcher Hinsicht? In Hinsicht auf das Unbedingte natürlich – worauf sonst?

***

Nachdem ich das Unbedingte in den Blick genommen habe, geht es im zweiten Teil meiner Ausführungen darum, das Unbedingte wieder *abzuschwächen*, womit wir bei der in meinem Buchtitel anklingenden »Torheit« sind. Dabei berufe ich mich auf den französischen Philosophen Jacques Derrida (1930–2004). Wenn Tillich mein bevorzugter offizieller Theologe ist, dann ist Derrida mein bevorzugter inoffizieller. Ich nenne ihn inoffiziell, weil Derrida offiziell, also nach dem Maßstab seines Ortspfarrers (oder in seinem Fall Rabbis), ein linker Pariser Rive-Gauche-Atheist war. Derrida war wie Camus ein sogenannter »Pied Noir«, also ein französischsprachiger Algerier, der sich in Paris einen Namen als bekannter Philosoph (und Begründer des Dekonstruktivismus) gemacht hat. Auch Derrida interessierte sich für das Unbedingte, aber er sprach vom »Unbedingten ohne Souveränität«, d. h. ohne souveräne Macht, sei es nun die Macht eines Gottes in der Höhe oder des Seinsgrunds, sei es die Macht des Staates oder der Partei. So legte er z. B. dar, dass das *Gesetz* Macht und Gewalt hat, die *Gerechtigkeit* hingegen machtlos ist. Das Gesetz verfügt über Polizei, Gerichte und Gefängnisse, die Gerechtigkeit dagegen hat nichts als sich selbst zu bieten. Das Gesetz hat die Macht, die Gerechtigkeit dagegen hat nur recht. Warum, oh Herr, haben die Bösen Erfolg? Weil sie die Gesetze zu ihren Gunsten formulieren. Die Gerechtigkeit, so es sie überhaupt gibt, kann aus sich selbst heraus nur rufen. Die Gerechtigkeit ruft, sie ist das, wozu wir aufgerufen sind, aber es ist das Gesetz, das alle Macht hat. Die Gerechtigkeit hat keine Heere, weder himmlische noch irdische. Was hat sie dann? Derselbe Derrida (der ja bis zu dem Zeitpunkt, als er nach Paris ging, als Jude geboren und erzogen wurde) nennt sie eine »schwache messianische Kraft«, die die Macht hat, uns zu rufen und zu locken, die sich an uns wendet und sogar Anspruch auf uns erhebt – aber ohne die Macht, dies durchzusetzen oder gar zu erzwingen. Die Gerechtigkeit ruft uns, aber wir können uns immer auch von ihr abwenden. Indem wir das Unbedingte aller Macht berauben, enthüllen wir es in seiner ganzen Unbedingtheit und finden dabei den hermeneutischen Schlüssel für das, was im Namen Gottes oder des Unbedingten geschieht.
Lassen Sie mich zwei Beispiele nennen: Im 6. Kapitel greife ich auf das Beispiel von Dostojewskis berühmter »Legende vom Großinquisitor« zurück. Nach einer langen und recht interessanten Schimpftirade schließt der Kardinal seine Rede, indem er Jesus seine Macht über dessen Leben und Tod vor Augen führt. Jesus, der die ganze Zeit geschwiegen hat, geht

auf ihn zu und küsst ihn, was diesen mächtigen Mann total entwaffnet. Die übliche Interpretation dieser Szene durch die Rechtgläubigen ist die einer Lektion in göttlicher Zurückhaltung. Jesus, der diesen Mann mit einem Wimpernschlag hätte vernichten können, so wie er auch vom Kreuz hätte steigen, die römischen Soldaten an den Felsen zerschmettern und das römische Imperium dem Erdboden hätte gleichmachen können, entscheidet sich, all das nicht zu tun. Das sehe ich nicht so, denn das würde Jesus zu einem John Wayne machen, einem starken, aber schweigsamen Helden aus einem Hollywood-Film. Meiner Ansicht nach ist diese Szene vielmehr ein Beleg für die machtlose Macht des Kusses, für die schwache Kraft der Vergebung, viel eher im Sinne des gewaltlosen Widerstands eines Gandhi oder Martin Luther King, die die Mächte dieser Welt beschämten. Das *christliche Symbol* des Unbedingten ist das Kreuz. Das Göttlichste und Gott-Ähnlichste an der Kreuzigung ist in der Vergebung zu finden, die Jesus auch auf seine Mörder ausweitete. Ich glaube nicht, dass das »Unbedingte« irgendetwas mit der Allmacht eines höchsten Wesens oder auch der immanenten Macht von Tillichs Seinsgrund zu tun hat. Meiner Ansicht nach ist die Macht, die in der »Gottesherrschaft« oder dem Reich Gottes regiert, vielmehr die ohnmächtige Macht dessen, was uns unbedingt anruft, ohne Gewalt, in Umkehrung unserer Erwartungen an das, was wir Gott nennen. Denn dieser Gott hat »Menschen erwählt, die die Welt als Narren ansieht, um so die Heuchelei derer zu entlarven, die glauben alles zu wissen; und Gott hat Menschen erwählt, die die Welt als schwach ansieht, um so die Heuchelei derer zu entlarven, die die Macht haben.« (1 Kor 1,27)

Mein zweites Beispiel ist Matthäus 25. Der ursprüngliche Titel dieses Buches war »Braucht das Reich Gottes eigentlich Gott?« Den Herausgebern klang das zu atheistisch, deshalb habe ich nur dem letzten Kapitel diese Überschrift gegeben. Wenn wir uns fragen, was Jesus selbst denn mit »Gott« meinte, dann stellen wir fest, dass Jesus weniger von Gott als vom Reich Gottes und weniger vom Reich Gottes als von Senfkörnern, Sauerteig und in einem Acker vergrabenen Schätzen spricht. Er lenkt unsere Aufmerksamkeit immer wieder weg von hohen und mächtigen Themen auf solche, die ganz unten und bodenständig sind – von Gott auf das Reich Gottes, vom Reich Gottes auf Senfkörner. Er interessierte sich mehr für Senfkörner als für Metaphysik. Er hat nie etwas vom »Neuplatonismus« gehört, den die frühen Kirchenväter oder der deutsche Idealismus im Kopf hatten. Wenn wir dieser jesuanischen Logik der Umlenkung folgen, dann scheint sich »Gott in der Höhe«, das *ens supremum* rückstandslos in den Werken der Barmherzigkeit und Liebe, der Vergebung und des Mitgefühls aufzulösen, die in den Reich-Gottes-Gleichnissen beschrieben werden. Der Begriff »Gott« ist nicht die Bezeichnung eines höchsten Wesens oder einer universellen kosmischen Macht, sondern einer *Lebensform*, eines Handelns, einer Tat, nicht etwa die Bezeichnung eines Wesens, dessen Existenz zur Debatte steht. »Herr, wann haben wir dich hungrig gesehen und dir zu essen gegeben, oder durstig, und dir zu trinken gegeben?« Punkt. Da ist kein furchterregender Menschensohn, der kommt, um die Nationen zu richten. Das Wunderbare an Matthäus 25 ist doch, dass die Gerechten keine Ahnung hatten, dass ihnen in den Hungernden und Durstigen der Herr selbst begegnete – und schon gar nicht, dass als Folge ihrer Barmherzigkeit ein großes himmlisches Festmahl auf sie wartete. Es zerstört daher die Geschichte, wenn sie so weitererzählt wird. Denn jetzt kennen sie das Geheimnis: Tu das, und du wirst belohnt, tu es nicht, und du wirst so bestraft, wie du es dir gar nicht ausmalen kannst. Die eigentliche Pointe der Geschichte ist aber nicht, dass das Reich Gottes eine *Belohnung* für die Werke der Barmherzigkeit ist, sondern dass die Werke der Barmherzigkeit das Reich Gottes *sind*. Sobald wir einen Herrn, ein höchstes Wesen, einen obersten Richter einsetzen, der die Schafe von den Böcken scheidet und der die Macht hat, zu belohnen und zu bestrafen, untergraben wir die gesamte Geschichte. Wenn du mich liebst, werde ich dich reich belohnen; wenn du mich nicht liebst, wirst du das bitter bereuen! Können Sie sich einen solchen Heiratsantrag vorstellen?

***

Wenn man das Unbedingte nicht in Kirchen einsperren kann, heißt das nicht, dass es nicht auch in den Kirchen zu finden ist. Was bedeutet also das Unbedingte für das kirchliche Leben heute? Die kurz gefasste Antwort lautet, dass die Kirchen das Unbedingte enthalten und dass es dort eine Quelle heilsamer Unruhe ist, die kreativ durcheinanderbringt – oder so sollte es zumindest sein.
Tillich beschrieb das, was er das »protestantische Prinzip« nannte und meinte damit nicht die historisch gewachsenen protestantischen Kirchen, sondern einen allgemeinen Maßstab, an dem sich der Protestantismus und auch alles andere messen lassen muss. Er beschrieb damit das

Prinzip, das die Distanz zwischen dem Unbedingten und allen konkreten Ausformungen bemisst – den Symbolen, Glaubensrichtungen und -vollzügen, den Institutionen, Traditionen und Texten, die alle *konstruiert* wurden, um das Unbedingte zu deuten oder zu vermitteln. Diese Distanz ist unüberbrückbar. Der »Gott der Lücken« bedeutet deshalb für Tillich nicht »Gott als Lückenfüller«. Er weist vielmehr auf die Zwischenräume hin, die Gott öffnet. »*Semper reformanda*« bedeutet, dass die Konstrukte immer zu kurz greifen. Wenn wir das vergessen, wird das Bedingte nicht zu einem Symbol, sondern zu einem Götzen, der den Kontakt mit dem Unbedingten verhindert, statt ihn zu ermöglichen. Wie Derrida es ausdrückt: Die Bedingungen und Konstrukte sind dekonstruierbar, das Unbedingte an sich – wenn es das gibt, *s'il y en a* « – ist nicht dekonstruierbar. Im Gegensatz zur landläufigen Vorstellung bedeutet Dekonstruktion keineswegs einfach Zerstörung. Dekonstruktion wirbelt den Bodensatz auf; es wühlt etwas auf, so wie man ein Getränk, in dem sich etwas abgelagert hat, schüttelt, um den Geschmack wieder zur Geltung zu bringen. Dekonstruktion setzt die kreativen Energien eines Textes, einer Institution oder einer Tradition frei und ermöglicht so das, was Derrida das »Ereignis« nannte, also das, *was wirklich erforderlich ist*. Dekonstruktion offenbart die Vorläufigkeit aller Konstrukte, die versuchen, sich selbst zum Unbedingten zu stilisieren. Dekonstruktion ist ein Aufruf zur Wachsamkeit in Hinblick auf alle Konstrukte, um so das belebende Ereignis wiederzuentdecken, das niemals nur eine Sache ist, das niemals ruht, das uns immer ruft und die ständige Neuerfindung des inspirierenden Ereignisses fordert.

Dem sollten wir noch ein »katholisches Prinzip« hinzufügen, das genauso wichtig ist. Der Wert des protestantischen Prinzips besteht darin, der aus Luthers Rückbesinnung auf die biblischen Quellen resultierenden Tendenz zu allzu wörtlicher Auslegung und Biblizismus entgegenzuwirken. Katholiken sind weniger anfällig für die Versuchung, ein Buch zum Götzen zu machen, weil sie die Bibel in den Kontext der *Tradition* stellen. Für Katholiken ist die Bibel nicht der *normative Maßstab* der Tradition, sondern die *Auswirkung* der Tradition. Zu einem bestimmten, sehr frühen Zeitpunkt des Überlieferungsprozesses, wenige Jahrzehnte nach dem Tod Jesu, begannen die griechischsprachigen Anhänger des »Weges« – die ja Jesus nicht mehr und das Wort oder die Realität einer »Christenheit« noch nicht hatten –, ihre Geschichten von Jesus aufzuschreiben, da sich das zweite Kommen Christi zu verzögern schien. Das eigentlich Wichtige am katholischen Prinzip ist nicht ein Buch, sondern die *Geschichte*, in der der Geist nicht auf biblische Inspiration beschränkt wird, sondern auf die Inspiration der Tradition ausgedehnt wird, in der der Geist sich durch Raum und Zeit bewegt und uns mal in die eine, mal in die andere Richtung antreibt.

Das katholische Prinzip will also der Tendenz entgegenwirken, nicht nur ein Buch, sondern auch eine bestimmte *historisch gewachsene Form*, die der Geist angenommen hat, zum Götzen zu machen, etwa die der frühen griechischen Konzilien oder des Hochmittelalters oder des Konzils von Trient. Das II. Vatikanische Konzil wollte uns vor Konzilien ebenso warnen wie davor, die vergangenen Konzilien oder die Vergangenheit insgesamt als normativ zu betrachten und es ermutigt uns dazu anzufangen, auf den Heiligen Geist zu hören, auf das Ereignis – und vor allem aufzuhören, die Hierarchie mit der »Kirche« zu verwechseln. Die Kirche, so sagte das Konzil, ist das *populus Dei*, nicht die Hierarchie, und in diesem Gottesvolk atmet der Geist. Das katholische Prinzip besteht also darin, weiter zu atmen, ein- und auszuatmen, die Formen zu reformieren, das Ereignis, das alles in Gang gebracht hat, immer wieder neu zu erfinden. Was ist das für ein Ereignis? Die Erinnerung an einen Mann, den man getötet hat, der aber nicht im Tod blieb, sondern stattdessen in den »theopoetischen« Raum hinein auferstand. Dort wurde er zu einer Ikone von großer Strahlkraft, zu einem Symbol, ein Mensch, der seinen Mördern vergab und den Armen eine frohe Botschaft brachte. Heute treibt der Geist meiner Ansicht nach die Kirche dazu, einen neuen Blick auf die Kirche zu werfen, auf das Priesteramt, die Frauen, gleichgeschlechtliche Liebe, auf die Witwen, Waisen und Fremden, die an die Türen unserer Einwanderungsgesetze klopfen. Der Maßstab, an dem sich die Kirche messen lassen muss, ist nicht die Vergangenheit, sondern der Heilige Geist – und wie gut tut es, heute auf den Antrieb des Geistes zu hören! Das katholische Prinzip heißt: *Ubi Spiritus* – wo immer der Geist weht, wo immer das Unbedingte in Bewegung ist, wo immer das Ereignis uns ruft, und das kann wirklich überall, an jedem beliebigen Ort sein, denn der Geist ist das, worin wir leben, uns bewegen und sind – *ibi ecclesia*, da ist die Kirche am Werk, da wirkt das Unbedingte, mit oder ohne »Religion« (frei übersetzt). Die Kirche enthält das Unbedingte, aber sie kann es nicht fassen; sie ist die *chora tou achoretou*, das Gefäß des Unfassbaren.

Am Ende dieses Buches fragen Sie sich vielleicht immer noch: *Was ist denn nun das Unbedingte?* Also wenn ich das wüsste, wüsste ich alles. Wenn wir es erfassen könnten, so sagte Augustinus, wäre es nicht das Unbedingte, um einen von Augustinus' besten Aussprüchen leicht abzuwandeln. Vor seiner Bekehrung glaubte Augustinus, alles zu wissen, danach bekannte er: quaestio *mihi magna factus sum*, ich bin mir selbst zur großen Frage geworden.« Augustinus spricht so für uns alle. Und was sollen wir jetzt tun? Keine Panik. Einfach weiteratmen! Wir sitzen doch alle im selben Boot!

John D. Caputo

Einführung

Das Interesse der Theologie

> In einer Zeit, in der die Juden Wunder erwarten und die
> Griechen Erleuchtung suchen, verkünden wir Gottes Gesalbten
> als den Gekreuzigten.
> Das ist ein Ärgernis für Juden, Unsinn für die anderen Völker.
> Für die aber, die Gottes Ruf gehört haben, Juden wie Griechen,
> wird im Gesalbten Gottes Kraft und Gottes Weisheit lebendig,
> denn die Torheit Gottes ist weiser als die Menschen,
> und die Schwäche Gottes ist stärker als die Menschen.[1]

Das eigentliche Interesse der Theologie ist nicht Gott. Letzten Endes muss es das Interesse der Theologie sein, sich nicht mit Gott zufrieden zu geben. Theologie hat andere Interessen. Ich möchte nicht sagen »höhere Interessen«, denn was könnte höher sein als Gott? Gott ist ja schließlich das »*ens supremum*«, das höchste Wesen überhaupt. Wenn wir Gott Ehre erweisen, fügen wir regelmäßig hinzu »in der Höhe«. Wenn wir zulassen, dass das Interesse der Theologie daran bemessen wird, wer oder was »am höchsten« ist, landet Gott zweifellos ganz oben. Die Klugheit gebietet mir, mich zu weigern, in diesen Wettbewerb einzusteigen. Stattdessen möchte ich mich auf die entgegengesetzte Seite schlagen. Ich überlasse das Terrain des »Hohen« gerne der anderen Seite – nennen wir sie die »hohe Theologie«, eine Theologie, die kein höheres Interesse haben kann als Gott. Ich halte dem entgegen, dass Theologie tiefere Interessen hat als Gott. Wir könnten diese gegenläufige Tendenz als »tiefe Theologie« bezeichnen, aber ich bevorzuge den Begriff »radikale Theologie«. Damit meine ich, dass sie ganz nach unten in den Schmutz reicht und tief im Wurzelbereich der Theologie gräbt.

Ich vertrete diese Ansicht auch deshalb, weil »hohe Theologie« allzu oft »hoch und mächtig« daherkommt. Man kann sie gut umschreiben mit dem Begriff »starke Theologie«, und diese starke Theologie war oft zu stark, als dass es ihr selber gutgetan hätte. Deshalb ist die Grundlinie meiner Argumentation, dass es für die Theologie am besten wäre, wenn

---

1 | Die deutsche Übersetzung folgt der englischen Bibelübersetzung »Scholars Version Translation«, Dewey, *The Authentic Letters of Paul*.

sie weniger hoch und mächtig wäre. Die Sache, der ich mich verschrieben habe, ist demgegenüber bescheidener, zurückhaltender. Ich nenne das »schwache Theologie« und halte mich dabei an das, was Paulus »die Schwachheit Gottes« nennt (1 Kor 1,25). Ja, schwache Theologen haben eindeutig Höhenangst und fürchten sich davor, allzu aufgeblasen zu sein, nicht nur durch Wissen, sondern auch durch Macht. Wenn wir also von Gott und Theologie reden und über Gott nachdenken, wollen wir von Anfang an klarmachen, wo wir stehen: Wo Höhe ist, suche ich die Tiefen; wo Stärke gezeigt wird, bevorzuge ich das Schwache. Anstelle des »Hohen und Mächtigen« suchen wir radikalen Theologen das »Tiefe und Schwache«! Wenn wir Theologie – oder irgendetwas anderes – verändern wollen, müssen wir unsere Metaphern ändern.

In den folgenden Kapiteln gehe ich zuerst auf meine »Höhenangst« ein (Kapitel 1–4). Ich beginne mit einem religiös heilsamen und genuin theologischen Atheismus – bezogen auf »Gott in der Höhe«; diese Form des Atheismus ist für mich nicht das Ende der Theologie, sondern ihr Anfang. Danach beleuchte ich die Tiefendimension, die in der radikalen Theologie mit dem Begriff des »Unbedingten« umschrieben wird. Im vollen Bewusstsein, wie paradox diese Aussage ist, behaupte ich, dass dies die einzige Bedingung ist, unter der wir durchdenken können, was wirklich in der Theologie vor sich geht. Wenn ich von einer »Theologie des Unbedingten« spreche, wie ich es hier tue, dann ist das für mich eine gelungene Tautologie, denn indem man das eine sagt, sagt man zugleich das andere – und dabei wiederholt man sich gern, weil man das gar nicht oft genug wiederholen kann. (Kapitel 2). Das führt mich dann dazu, eine Art »Proto-Religion« oder »religionslose Religion« zu behaupten, eine Religion ohne Religion, in der in tieferer Weise das Unbedingte in unserem Leben anklingt; die sich der verbissenen und nutzlosen Debatte zwischen Theismus und Atheismus, zwischen Religion und Säkularisierung widersetzt, die hoch oben immer weiter geführt wird (Kapitel 3). Ich schließe diesen Argumentationsstrang – über die Tiefe des Unbedingten – mit der Frage, wie lange es Religion noch geben wird angesichts der zunehmenden Skepsis, mit der heute der gewöhnlichen Religion begegnet wird (Kapitel 4).

Da meine Anwaltschaft für die Schwachheit, die ebenfalls zu meinem Grundgedanken einer Theologie des Unbedingten gehört, genauso der Erklärung bedarf, wende ich mich dann der Logik der Schwächung zu –

wenn es denn eine Logik ist (Kapitel 5–9). Als erstes erkläre ich, welche Abwegigkeit mich dazu gebracht hat, die Seite der Schwachheit statt der Stärke einzunehmen, wenn ich von Gott spreche, der doch allgemein dafür bekannt ist, allmächtig zu sein (Kapitel 5). Das lässt mich übergehen zu dem, was »Schwachheit Gottes« wirklich bedeutet und warum dieses Bild, das ich nicht erfunden habe – es kommt aus dem 1. Korintherbrief! – mich so sehr fesselt (Kapitel 6). Das wiederum erlaubt mir, einen weiteren abwegigen Vorschlag zu machen: sich Gott nicht als einem »notwendigen Wesen« anzunähern, wie es die klassische Theologie tut, sondern in der radikaleren Begrifflichkeit des »Möglicherweise« eines göttlichen »Vielleicht« (Kapitel 7). Das bringt mich zu einem zentral wichtigen Punkt meiner Argumentation, von dem in meiner Theologie des Unbedingten alles davor und danach Gesagte abhängt, nämlich zu der Dynamik des »Rufs« und der »Antwort« (Kapitel 8). Ich befasse mich anschließend als Schlussfolgerung mit der Logik der Schwächung, d. h. dass die Schwachheit Gottes im Gegenzug eine Schwächung der Theologie im Diskurs erforderlich macht. Daraufhin wende ich mich dem Reich Gottes zu, das Jesus verkündete. Ich behaupte, dass die Rede vom Reich Gottes nicht in einer bombastischen Theologie der Allmacht besteht, sondern in dem sanfteren, tieferen und beruhigenderen Tonfall dessen, was ich als »Theopoesie« bezeichne (Kapitel 9). Das halte ich für enorm wichtig, denn das Reich Gottes ist schließlich nicht nur irgendein typisches Beispiel des christlichen Glaubens, sondern sein Kernanliegen.

Im Abschlusskapitel (Kapitel 10) treibe ich meine gesamte Argumentation auf die Spitze – oder besser ausgedrückt: ich bringe sie zurück hinunter auf die Erde, indem ich ganz direkt eine Frage angehe, die ich mir selbst zuzuschreiben habe: Da ich ja nicht im Widerspruch zu Jesus stehen will, habe ich hier ein beträchtliches Problem. Denn wenn ich annehme, dass meine Argumentation in Bezug auf die Theologie des Unbedingten weiterhin gilt, wie kann dann das Reich Gottes – basileia, regnum, imperium – verwirklicht werden ohne einen hohen und mächtigen Gott, der das Regieren dieses Reiches übernimmt? Ist das nicht die Höhe – oder die Tiefe – der Torheit? – Oder sollte gar das Gegenteil der Fall sein: Wenn der Hohe und Allmächtige jemals auftauchen würde, wäre alles, was das Reich Gottes ausmacht, zerstört? Oder, um es pointiert auszudrücken: Braucht das Reich Gottes eigentlich Gott? Oder gilt das Gegenteil – dass Gott das Reich Gottes braucht? (Kapitel 10).

Dabei will ich nicht bestreiten, dass das Unbedingte eine riskante Angelegenheit ist. Es ist keine Investition, die eine gute Rendite garantiert. Das ist der Grund, warum ich diesem Büchlein über eine Theologie des Unbedingten den Titel »Die Torheit Gottes« (to moron tou theou) gegeben habe. Dies ist bereits mein dritter Versuch, der Spur der Logik (logos) des Kreuzes nachzugehen, die Paulus im 1. Korintherbrief, Kapitel 1 entfaltet.[2] Indem ich damit eine Trilogie vervollständige, die ich ursprünglich gar nicht schreiben wollte, sieht es langsam so aus, als hätte mein Wahnsinn Methode. Wenn das der Fall ist, dann liegt es daran, dass ich die Methode des Wahnsinns selbst, eine Narren-Logik (morologia), anwende, wobei ich daran erinnern möchte, dass das französische Wort »folie« auch mit »Wahnsinn« übersetzt werden kann. Um es auf eine Weise auszudrücken, die darauf angelegt ist zu provozieren: Es handelt sich um eine Studie über den Wahnsinn, der Gott eigen ist, über die Torheit Gottes. Gott? Wie verrückt! Was für eine Torheit! Das ist es, was ich hier anbiete – oder besser gesagt: Was ich als das Angebot des Paulus anbiete.

Indem ich all das sage, will ich natürlich Ihre Aufmerksamkeit gewinnen. Ich spreche mich keineswegs generell gegen Weisheit, gesunden Menschenverstand und Stärke aus. Das wäre einfach Wahnsinn, und ich behaupte, dass nichts »einfach« ist, nicht einmal Wahnsinn und Torheit. Mein Anliegen ist es, die Methode einer Art von »göttlicher Verrücktheit« herauszuschälen, eine Methode, die dem Weg (odos) des Kreuzes nach- (meth-) geht, indem sie die Tiefen der Sprengkraft des paulinischen Redens von der »Schwachheit« und der »Torheit Gottes« und von der Parteinahme Gottes für die Seite des »Nicht-Seins« gegen das »Sein« auslotet. Diese ganze Rede zielte darauf ab, die Aufmerksamkeit der griechischen Philosophen in Korinth zu erhalten – und ich bin überzeugt, dass sie sprachlos waren!

Es ist mir sehr wichtig, dass dieses Reden von der Schwachheit Gottes nicht als List, als Spiel mit der Macht oder als Lockvogeltaktik ange-

---

2 | Ich habe diese Themen ausführlicher und mit Belegen versehen für eine akademische Leserschaft in Caputo, *The Weakness of God* und *The Insistence of God* ausgeführt. Mit diesem Essay möchte ich deren Aussagen sowohl verstärken als auch für ein größeres Publikum zugänglich machen. Die Titel der drei Bücher sind exakt symmetrisch und sozusagen postmoderne Traktate über den göttlichen Namen. Ich wollte ihn so nicht schreiben, er hat sich sozusagen selbst in das Manuskript eingeschrieben. Für interessierte Leser füge ich am Ende Verweise auf akademische Literatur hinzu. Vgl. auch Caputo, *The Weakness of God*.

wandt werden kann. Es darf am Ende des Tages nicht so herauskommen, dass dann doch Gott in der Höhe am Ende die wahre Macht hat, ein Gott, der all seine Feinde da unten überlistet. Das ist die alte Theologie des Hohen und Mächtigen, nicht die Theologie des Unbedingten. Das würde nämlich aus Gott nichts anderes machen als einen himmlischen Schwindler von ganz oben. Es würde Gott mit hineinziehen in die Spiele von Macht und Weisheit, die draußen in der Welt gespielt werden. Das wäre ein Gott, der sich in den Hinterhalt legt, um dann später von ganz oben zuzuschlagen, wenn es die andere Seite am wenigsten erwartet. Das ist genau der Verrat und die Feindseligkeit, die Friedrich Nietzsche (1844–1900) dem Christentum vorwirft: die List, aus der Schwachheit eine Waffe zu machen, um die Starken zuschanden zu machen – und dadurch am Ende zu gewinnen. Das würde bedeuten, dass die Theologie des Kreuzes sich als eine gute Investition herausstellt, eine clevere Verkleidung, die sich die Hoheits-Theologie angezogen hat: Die Torheit Gottes wäre nichts anderes als eine Weise, die Welt auszutricksen.

Wenn ich mich für das Unbedingte starkmache, dann geht es mir vielmehr darum, dem Weg der Schwachheit und des »Nicht-Seins« bis zum bitteren Ende zu folgen. Ich behaupte, dass eine Theologie des Kreuzes letztlich zur Theologie des Unbedingten führt. Diese ist die Art und Weise, dem Weg des Kreuzes zu folgen. Wenn wir auf die Helden des Unbedingten stoßen, ist die rechtgläubige religiöse und theologische Reaktion darauf: »Was für eine Torheit! Quelle folie! Wie verrückt!« Der Grat zwischen Narren und Helden war schon immer bemerkenswert schmal. Auf eine Theologie des Unbedingten zu setzen heißt, dass es eine andere Stärke und Weisheit gibt, die wirklich *in* der Schwachheit und Torheit wohnt, eine, die von der ach so schlauen Welt mit Verachtung betrachtet wird. Ich behaupte also eine doppelte Torheit – Gottes und unsere Torheit, d.h. ich rede von einem *gekreuzigten* Gott und einer *gekreuzigten* Theologie! Für die Frommen, die ihren Gott lieber als jemanden ansehen, der aus der Höhe kommt und ihre Feinde mit Wundern und Magie unterwirft, ist das ein Skandal. Für klassische Theologen, die eine Theologie bevorzugen, die ihnen Beweise und Lehrsätze über ein »Hyper-Wesen« mit übernatürlichen Kräften bietet, ist das eine Narren-Logik, *theologia als morologia*, der närrische Unsinn (moria) des Unbedingten. Ein gekreuzigter Gott und eine gekreuzigte Theologie, beide gedemütigt, entblößt und aller Glorie beraubt, aber um das nochmals zu betonen: all das steht nicht im Dienst von bloßem Tod und Zerstörung, sondern im Dienst des Lebens, so wie die Auferstehung der Kreuzigung folgt. Das ist die Herausforderung, der wir uns stellen müssen.

Es geht darum, das Kreuz nicht dadurch zu entwerten, dass Schwachheit, Torheit und Nicht-Sein in listenreiche Strategien umgemünzt werden, die sie zu langfristigen Investitionen in einen Heilsplan machen, in dem am Ende Gott und die Theologie doch als Sieger dastehen. Das Unbedingte ist keine Strategie des Gewinnens, und auch in der Theologie geht es nicht ums Gewinnen. Das wäre Doketismus, die einzige Häresie, von der ich mit Stolz sagen kann, dass ich sie ablehne. Denn dann wären ja die Schwachheit, das Nicht-Sein, die Torheit, die Nägel und das Holz des Kreuzes nichts als Schein, ein Gott, der heimlich hinter dem göttlichen Rücken die Finger kreuzt, ein Inkognito, unter dem die Theologie des Glorreichen sich dazu rüstet, die Falle zuschnappen zu lassen. Das wäre einfach nur clever, schlau im Sinne dessen, was die Welt eben für schlau hält – ein Gott, der die Welt überlistet. Das ist nicht das Unbedingte. Das ist nicht die Torheit Gottes, für die ich hier einstehe, in der die Stärke mitten im Herzen der Schwäche wohnt, in der die Weisheit tief im Herzen der Torheit zu finden ist. Das »skandalon« und die »moria« bestehen darin, dass wir vielleicht gar nicht gewinnen.

1. Gott ist kein »höchstes Wesen«

Das höchste Wesen

Indem ich lieber mehr in die Tiefe gehe und darauf verzichte, höher hinauf zu streben, möchte ich – das sei gleich zu Beginn gesagt – lediglich die Theologie aktualisieren, indem ich die bei den Menschen früherer Zeiten übliche Präferenz für das »Oben« umkehre, die eine prä-kopernikanische Denkweise und eine sehr altertümliche Ausrichtung darstellt. Nehmen wir zum Beispiel an, die von sehr konservativen Christen propagierte Entrückung fände tatsächlich statt (und ich für meinen Teil wäre nicht allzu niedergeschlagen, wenn sie verschwänden – solange ich hierbleiben dürfte) und die Auserwählten rund um den Erdball würden alle gleichzeitig direkt »hinauf« in den Himmel »erhoben«. Dann würden sie alle in unterschiedliche Richtungen davonlaufen, so dass nicht nur wir, die wir zurückbleiben, sie nie wiedersehen würden, sondern dass auch sie einander nie wiedersähen. Sie wären gefangen in einer endgültigen interstellaren Zerstreuung. Sie würden sich in immer schnellerem Tempo voneinander entfernen – was nicht gerade der letzten Versammlung der Erwählten, die sie sich wohl vorstellen, entspricht. Es ist also höchste Zeit, neu zu untersuchen, wie wir uns im Raum orientieren können, auch und vor allem im kosmotheologischen Raum. Es ist an der Zeit, die Theologie in Übereinstimmung mit einer etwas heutigeren kosmologischen Ausrichtung neu auszuformen und zu denken[3]. Dementsprechend hoffe ich aufzeigen zu können, dass das, was die Theologie wirklich interessiert, ganz tief in den Tiefen unserer Existenz zu finden ist und dass diese Art zu denken und zu forschen der sogenannten postmodernen Welt entspricht. Um also mit der enormen Autorität umzugehen, die Gott in der Höhe über mehrere Jahrtausende angehäuft hat, um seine fast schon überwältigende Macht und sein Ansehen zu umgehen – und dabei rede ich noch nicht einmal von der Vereinbarkeit mit der modernen Astrophysik – drehe ich das Bild um und lege sozusagen den entgegengesetzten Maßstab an. Ich halte an meiner Behauptung fest, dass in der Theologie alles nach Tiefe, nicht nach Höhe bemessen werden muss. Das eigentliche Interesse der Theologie liegt nicht in »Gott in der

---

3 | Darauf weist Bultmann mit Nachdruck hin; vgl. Bultmann, *Jesus Christus*.

Höhe«, sondern in den Tiefen Gottes; es ist etwas ganz tief in Gott, ja, älter als Gott, oder tiefer als Gott – und gerade deshalb tief in uns, weil wir und Gott immer ineinander verwoben sind.

Wenn also jemand behauptet – wie es nahezu jeder in den vorherrschenden theistischen Traditionen tut – dass Gott das höchste Wesen sei, dann ist die angemessen theologische Antwort darauf, dies abzulehnen. Wie es mein Lieblingstheologe Paul Tillich ausdrückt: Der Begriff der »Existenz Gottes« – einer höchsten Wesenheit oder eines Wesens als identifizierbares »Etwas« oder »Jemand« – ist »nahezu blasphemisch und mythologisch«. Es ist damit vergleichbar, dass unsere Vorfahren den Donner oder die Sonne als Gottheit betrachteten, oder dass Menschen heutzutage sich eine globale Entrückung vorstellen.

Der folgende Text ist für mich ziemlich wichtig, denn aus ihm entnehme ich den roten Faden dieses Buches, dem ich versuche bis zur letzten Konsequenz nachzugehen:

> »Gott ist kein Objekt für uns als Subjekte. Er [sic – es war 1946!] ist das, was dieser Trennung immer vorausliegt. Und doch sprechen wir über ihn und können es nicht vermeiden, da alles, was wirklich für uns wird, in die Subjekt-Objekt-Beziehung eintritt. Dieser paradoxe Sachverhalt hat zu dem nahezu blasphemischen und gefährlich mythologischen Begriff der ›Existenz Gottes‹ geführt und zu den unmöglichen Versuchen, die Existenz dieses Objektes zu beweisen. Einem solchen Begriff und solchen Versuchen gegenüber ist Atheismus die notwendige religiöse und theologische Antwort.«[4]

Es liegt nicht im eigentlichen Interesse der Theologie, so Tillich, wenn wir ihr die Aufgabe zuschreiben, die Existenz eines höchsten Wesens zu beweisen und seine – oder ihre (wir erkennen schon das gewaltige Problem mit den Pronomen, das die hohe Theologie sich da einhandelt) Eigenschaften und Namen auszuarbeiten – und dann die sehr komplexen Beziehungen dieses höchsten Wesens zu allen anderen Wesen zu definieren, nicht nur auf der Erde, sondern in unserem Sonnensystem oder im Universum oder in allen denkbaren Universen (schon dieser kleine

---

4 | Tillich, *Zwei Wege der Religionsphilosophie*, 133–134.

Überblick über die Geschichte der Astrophysik lässt uns eine Fülle von zunehmend drängenden, unüberwindlichen Problemen erahnen. In Wirklichkeit ist das der Höhepunkt des Areligiösen, von etwas »nahezu Blasphemischem und Mythologischem«, ein Ausdruck, den ich noch des Öfteren wiederholen werde. Betrachten wir nur die Tatsache, wie die einfache grammatikalische Veränderung, das Wort Himmel in den Plural zu setzen – also »die Himmel« statt »der Himmel« zu sagen – die hohe Theologie in so viel Verwirrung stürzen kann. Wo um Himmels willen werden wir unser Leben »danach« verbringen? »Droben – im Himmel?« »Draußen« in einer weit entfernten Galaxie? Ganz sicher ist es an der Zeit, dass die Theologie eine neue Grammatik erfindet, neue Wege, eine neue Ausrichtung, ein neues theoglobales Navigationssystem. Das höchste Wesen verursacht höchste Schwierigkeiten, unüberwindliche Schwierigkeiten. Daher kommt es auch, dass theologische Debatten allzu oft zu einer sophistischen, komplizierten Diskussion darüber ausarten, wie man am besten den Mond (oder den Himmel!) anheult. Je höher die Wesenheit, desto höher der Berg an Problemen. Es ist wirklich im besten Interesse der Theologie, das zu vermeiden.

Die Lösung, die Tillich anbietet, ist einfach, schnell, durchschlagend, schockierend und entschieden: Atheismus. Eine derart gegenläufige atheistische Position einzunehmen scheint nicht nur störrisch, sondern auch kurzsichtig, ja verrückt für einen Theologen zu sein. In der Leugnung der Existenz Gottes macht diese Theologie den Eindruck, dass sie die Hand beißt, die sie seit Jahrtausenden füttert. Aber das ist ja nicht irgendein Atheismus. Beachten Sie, dass Tillich sagt, Atheismus sei die beste »religiöse und theologische« Antwort auf solch eine Vorstellung von Gott. Sowohl der Ursprung als auch der Zweck dieser Form des Atheismus ist ausschließlich religiöser und theologischer Natur. Tillich war Theologe – ein sehr prominenter sogar, einer der bekanntesten Theologen des 20. Jahrhunderts. Tillich wollte nicht empfehlen, dass Theologie aus dem Lehrplan genommen werden sollte, weil ja ihr Lehrinhalt gar nicht existiere. Er war Theologie-Professor am Union Theological Seminary, an der Harvard-Universität und an der Universität von Chicago. Daher dürfen wir annehmen, dass er, wenn auch ein Hauch göttlicher Torheit im von ihm Gesagten liegen mochte, doch nicht törichterweise versuchen wollte, Theologieprofessoren um ihren Job zu bringen. Das wäre nicht im besten Interesse der Theologie gewesen –

und auch nicht von Professor Tillich, der ja wie alle anderen versuchte, damit seinen Lebensunterhalt zu verdienen.

Indem er sagte, dass die wirklichen Interessen der Theologie woanders zu finden seien, dachte er an sein ureigenes Interesse und an das eigentliche Interesse der Theologie als einer Disziplin, als einer Art des ernsthaften, ehrlichen Forschens in der heutigen Welt, also genau an das, was ich »radikale Theologie« nenne. Wo Tillich davon gesprochen hätte, dass er mit der »modernen« Welt Schritt halten möchte, spreche ich 75 Jahre später von der »postmodernen« Welt und weitere 75 Jahre später wird man es wieder anders nennen, wer weiß wie oder »post-was …« Wie immer wir es nennen – die Zukunft der Theologie liegt darin, die Vorstellung von Gott als »höchstem Wesen« zu überwinden. Und weil wir nicht »höher hinauf« können, weil die klassische »hohe« Theologie das höher gelegene Terrain für sich in Anspruch nimmt, müssen wir tiefer graben, ganz unten, an den Wurzeln. Radikale Theologie beginnt damit, dass wir uns von Gott als *ens supremum* verabschieden, »adieu à Dieu«. Sie beginnt damit, dass wir den Gott der hohen und mächtigen Theologie ein wenig schwächer werden lassen. Oder sagen wir lieber, denn das sieht ja schon nach einem Akt der Hybris und Selbstüberschätzung unsererseits aus, wir lassen zu, dass das höchste Wesen der »starken Theologie« sich selbst abschwächt zu etwas, das dem Göttlichen viel mehr entspricht. Stellen Sie es sich so vor: Die überspannten Muskeln der starken Theologie entspannen sich zu einem viel natürlicheren Aussehen und es entsteht eine viel passendere theologische, im tieferen und ureigensten Sinn religiöse Haltung, die liebenswürdiger und menschlicher ist. Wir helfen Gott, sich aus dem Klammergriff der mythologischen und nahezu blasphemischen Vorstellung von einem Großen Wesens im Himmel zu befreien – und zwar um Gottes willen. Das geschieht nicht durch unser, sondern durch Gottes Zutun; wir sind nur die Überbringer der Nachricht und Teil des theologischen Gesamtbildes.

Theologie beginnt mit Atheismus

Wir beginnen also dieses Büchlein mit ein wenig Verrücktheit, mit einem Paradox, nämlich dass es zutiefst im Interesse der Theologie liegt zu sagen, dass Gott nicht existiert; dass das eigentliche Interesse der Theologie nicht Gott ist; dass das, was die Theologie wirklich in Gang und auf

Touren bringt, der Atheismus ist. Aber vergessen Sie nicht: Für Tillich ist Atheismus nicht das Ende der Theologie, sondern ihr Anfang. Theologie beginnt mit Atheismus, wohl gemerkt einem theologischen Atheismus, der nicht zu verwechseln ist mit dem gewöhnlichen Atheismus, der unter derselben Verwirrung leidet wie der Theismus. Gewöhnliche Theisten und Atheisten diskutieren beide darüber, ob es ein Höchstes Wesen gibt oder nicht. Tillich hätte absolut keine Zeit gehabt für die Zeitverschwendung der »neuen Atheisten«[5], die die Existenz dieses Gottes widerlegen wollen. Sie versuchen, die Existenz des gleichen nahezu blasphemischen und mythologischen Gottesbildes zu widerlegen, das die Theologen mit aller Kraft beweisen wollen. Die Atheisten versuchen, eine Tür aufzubrechen, die in der radikalen Theologie bereits weit offensteht – und wenn man einen Angriff so führt, wird man auf die Nase fallen. Diese Debatte zwischen Atheisten und Theisten ist zwecklos. Sie beweist nichts, weil sie buchstäblich über »nichts« diskutieren. Tillich behauptet, dass da nichts ist; da ist auch kein »da da«, kein Höchstes Wesen, das es zu beweisen oder zu widerlegen gilt. Das interessiert die Theologie nicht, dort liegen nicht ihre eigentlichen Interessen.

Wir kommen aber auch nicht weiter, wenn wir daraus den Schluss ziehen, dass der ganze Streit unentschieden ausgeht, dass wir das Urteil darüber verschieben müssen und dass die einzig sichere und vernünftige Position in dieser Sache der Agnostizismus ist. Agnostizismus ist genauso ein Irrweg wie Theismus und Atheismus, denn indem er das Urteil über die Existenz dieses mythologischen und nahezu blasphemischen Wesens aufschiebt, geht der Agnostiker von derselben Voraussetzung aus, nämlich dass die Sache, über die wir das Urteil noch aufschieben sollten, das Höchste Wesen ist. Der Agnostiker geht davon aus, dass dies eine legitime Frage ist, auf die wir nur noch nicht die Antwort wissen. Aber es ist keine legitime Frage, sondern eine falsche. Die Frage muss in Frage gestellt, mit Stumpf und Stiel von der radikalen Theologie ausgerissen, unterminiert, subversiv untergraben, verdrängt, umgangen und außer Gefecht gesetzt werden. In diesem Fall schöpfen Ja, Nein und Vielleicht nicht alle Optionen aus. Entschuldigung, ich will nicht gewalttätig sein…

Indem ich diese Frage ausschließe – eine schlechte und sehr alte theolo-

---

5 | Dawkins, *Der Gotteswahn*; Dennett, *Den Bann brechen*; Harris, *Das Ende des Glaubens*; Hitchens, *Der Herr ist kein Hirte*.

gische Angewohnheit! – versuche ich keineswegs, die Freiheit des Denkens einzuschränken. Im Gegenteil, als Denker behalten wir uns das Recht vor, jede Frage zu stellen. Aber nicht jede Frage ist eine gute Frage. Die beste Antwort auf manche Fragen ist, sie nicht zu beantworten, sondern in Frage zu stellen – wie diese Frage, ob solch ein Höchstes Wesen existiert oder nicht. Das ist, als ob man eine Antwort auf die Frage erzwingen wollte: Haben Sie aufgehört, bei der Steuererklärung zu betrügen – ohne Umschweife, ja oder nein? Theologie, das Interesse, ja, das eigentliche Interesse der Theologie liegt darin, dieser Frage die Grundlage zu entziehen, indem ihrem Hauptinhalt die Grundlage entzogen wird. Die Tiefen der Theologie, die radikale Theologie, Theologie als tieferes Denken, und vielleicht – ich will jetzt nicht chauvinistisch oder provinziell klingen – als das tiefste Denken überhaupt, hängen davon ab. Im Widerspruch zur Ansicht Martin Heideggers (1889–1976) denkt Theologie, stellt infrage – und sie denkt und stellt infrage, indem sie tief hinabreicht in die Tiefen unseres Lebens und auf alles abfärbt, was wir tun, auf unseren Glauben und unser Handeln, auf einfach alles. Deshalb hängt so viel davon ab, dass wir das richtig verstehen.

Dass Tillich hier einen für die Theologie empfänglichen Atheismus beschreibt, wird an der Tatsache deutlich, dass er sofort hinzufügt, dass diese Art von Atheismus allen Mystikern geläufig ist. Meister Eckhart, einer der größten Mystiker, hat einmal gesagt – und das ist eines seiner bekanntesten Zitate – dass er Gott bitte, ihm zu helfen, Gott loszuwerden, sich von Gott zu befreien.[6] Das ist eine denkwürdige Formulierung von mystischem Atheismus und radikaler Theologie. Ich wüsste nicht, wie man das noch besser ausdrücken könnte. Meister Eckhart fasst hervorragend eine Art mystischer Torheit und ein nachdenkenswertes Paradox zusammen, das täglich revidiert und (natürlich tief) in unseren Herzen bewahrt werden sollte. Einige der besten Dinge, die je über Gott gesagt wurden, wurden von Mystikern gesagt, die sagen, dass wir über Gott überhaupt nichts sagen können. Ich sage das nicht, um besonders schlau zu wirken. Na ja, selbst wenn ich das wirklich bin, will ich hier nur auf die tiefen Quellen der mystischen Tradition hinweisen, die gelernt hat, im Sprechen nicht zu sprechen und voranzukommen, während man die eigenen Spuren verwischt, die Sprache zu drehen und zu wen-

---

6 | Vgl. Eckhart, *Beati pauperes spiritu*, 113 sowie 119.

den, um dadurch die Brüche und Auslassungen und Verdrehungen offenzulegen, die all unserem Reden innewohnen, wenn wir uns so tiefen Dingen annähern. Mystiker sind die tiefsinnigsten unter den Narren Gottes.

Der Gott, von dem Meister Eckhart uns zu befreien versucht, ist ein von uns selbst konstruierter Gott, ein Gott, der auf unsere eigenen Bilder, Begriffe, Vorstellungen und Argumente zurechtgestutzt ist, nicht nur der Gott der Philosophen, sondern auch der Gott der Theologen, von allem und jedem, was wir glauben, über Gott sagen zu können. Aber diesen Gott loszuwerden bedeutet nicht das Ende Gottes für Eckhart, sondern seinen Anfang, den eigentlichen Zugang oder Durchbruch in die Tiefen Gottes – des Gottes, *zu dem er betet,* sozusagen des Gottes jenseits von Gott, des Gottes ohne Gott. Hier ist wieder Vorsicht geboten, damit wir dieses »jenseits« nicht mit »darüber« verwechseln und so in die alte Falle des *ens supremum* tappen, des Gottes als des Wesens »in der Höhe«[7]. Im Gegenteil, dieser Gott ist der »Urgrund« Gottes und ist nicht »oben« zu finden, sondern »unten«, im »Grunde« der Seele. Das ist die Art des Augustinus, sich Gott anzunähern, die Tillich weiterentwickelt. Demnach wohnt Gott tief in unserem Herzen oder unserem Bewusstsein, in dem, was Augustinus unsere *memoria* nennt. Wir müssen dem Lockruf der hohen Theologie gegenüber wachsam sein und dürfen uns nicht erlauben, uns einen Gott vorzustellen, der hoch droben im Himmel wohnt, in den Höhen jenseits aller Höhen, so hoch, dass wir einfach nicht die Wurfkraft haben, ihm einen Namen »zuzuwerfen«, der so hoch fliegt, so hoch, dass wir kein Wort sagen könnten, das so weit hinaufreicht. – Denken Sie unten, nicht oben, denken Sie tief, nicht hoch.

Was wir von den Mystikern lernen können, so sagt Tillich, ist, dass Gott das »Unbedingte« ist (manchmal auch das »Bedingungslose«)[8] und dass wir Gott nicht »festmachen« können als ein »Objekt«, eine identifizierbare Sache, die wir als vernunftbegabte »Subjekte« auswählen und identifizieren können, oder umgekehrt als ein identifizierbares Subjekt, das uns als Objekte auswählen kann.[9] Dieser ganze Rahmen von Subjekt/Objekt legt eine ganze Reihe von Bedingungen fest und muss verschwin-

---

7 | Sogar Tillich spricht von »Gott über Gott«, mit »über« meint er aber die Tiefendimension Gottes! Vgl. Tillich, *Der Mut zu sein,* 126–130.
8 | Tillich, *Der Protestantismus,* 67 FN 1.
9 | Vgl. Tillich, *Der Mut zum Sein,* 125.

den. Er hält uns fest in der falschen Dimension und lässt uns die Tiefendimension verpassen. Gott, *das, was im Namen Gottes geschieht* (dieser Ausdruck ist mir wichtig und ich werde immer wieder auf ihn zurückkommen), funktioniert so nicht. Aber nicht nur die Mystiker – so Tillich – warnen uns davor, so von Gott zu denken. Wir lernen die gleiche Lektion von lästigen und nervtötenden Philosophen wie Sokrates, den die Athener wegen Atheismus verklagten, weil er sagte, dass himmlische Objekte wie die Sonne und der Mond keine Götter seien. Tatsächlich war er schuldig im Sinne der Anklage: Auf eine solche Vorstellung von Gott ist die richtige religiös theologische Antwort »Atheismus«. Im Übrigen wurde auch den Juden von den Völkern (Heiden) Atheismus vorgeworfen, weil sie Atheisten in Bezug auf die heidnischen Götter waren – und selbst die frühen Christen wurden von den Anhängern der »Mächte und Gewalten« (Eph 6,11–13, des Teufels und seine Knechte) als Atheisten angesehen – und in Blick auf diese waren die Christen tatsächlich Atheisten. »Wir haben mit den Mächten und Gewalten nichts zu schaffen«, sagt Tillich und denkt dabei an Gott als eine höhere ihnen entgegengesetzte Macht oder »Gegen-Gewalt« – also genau an den mythologischen Gott, den er kritisiert.

Der Seinsgrund

Tillich macht sich Sorgen über die »Unzulänglichkeit aller begrenzenden Namen«, über alles, was Gott begrenzen oder einsperren, zu etwas Endlichem oder Bestimmten, etwas Begrenztem oder Abgegrenzten machen würde, denn Gott ist unendlich und unbegrenzt. Begrenzte Dinge entstehen und vergehen, aber Gott ist unendlich und immerwährend. Aus Gott entstehen alle endlichen Dinge und kehren zu ihm zurück. Deshalb ist Gott der unerschöpfliche Mutterschoß aller Dinge, um ein weiblicheres und weniger patriarchalisches Bild zu verwenden. Wenn man sagt, dass Gott »existiert«, so sagt man damit, dass Gott ein definiertes Wesen ist, ein höchstes, aber eben definiertes, und durch dieses Definiertsein eben auch endliches Wesen. Aber Gott ist kein endliches, definiertes Wesen, weil Gott der (unbegrenzte, nicht definierbare) Urgrund aller begrenzten Wesen ist, aus dem sie hervorgehen und zu dem sie zurückkehren. Das heißt, dass Gott kein »Objekt« für unser Bewusstsein ist, keine Einzelheit, die wir auswählen können, sondern das Licht, in dem alle Dinge sichtbar sind und durch das unsere Augen sehen können. Das ist ein eher platonischer und augustinischer Zugang zu Gott. Gott ist keine »Ursache«, deren »Wirkungen« die Dinge, die in der Welt geschehen, sind, sondern das Licht, in dem erst zwischen Ursache und Wirkung unterschieden werden kann.

Es ist nahezu blasphemisch und mythologisch, sich Gott als einen Beweger, der die Dinge bewegt, vorzustellen (ich meine natürlich den »ersten Beweger«), oder als einen Handelnden, der Dinge »tut«, die »erste Ursache« aller Dinge. Gott ist vielmehr der grenzenlose und unerschöpfliche Urgrund, in dem all diese Unterscheidungen und Prozesse stattfinden, in dem alle Dinge existieren. Gott ist nicht etwas oder jemand (weder Er noch Sie noch Es), der irgendetwas »tut«, wie z. B. etwas zu verursachen oder zu machen oder auch zu entscheiden, der Urgrund zu sein; er überwacht auch nicht in einer passiveren Weise ihre Entstehung aus der Ferne und lenkt sie weise zu einem Ziel. Gott ist kein höchstes Wesen, sondern das eigentliche Wesen aller Wesen, oder der Grund und das Licht aller Wesen, die »tiefe«, grenzenlose, unaufhörliche, unbegrenzbare und uneingeschränkte Quelle von allem und jedem, von jedem Wort oder jeder Unterscheidung von Wörtern, die wir aussprechen. Das heißt auch, dass alles, was wir über Gott sagen, »symbolisch« ist, weil alles, was wir sagen, von endlichen Wesen abgeleitet ist, den einzigen, die uns vertraut sind und deren unbegrenzbares Licht und Quelle Gott ist.

An diesem Punkt sollten wir der durchaus naheliegenden Versuchung widerstehen, daraus den Schluss zu ziehen, Tillich sei ein »Pantheist« und sein Atheismus übe Kritik am Theismus im Namen des Pantheismus. Er sagt nicht, dass Gott »alles und jedes« ist, sondern dass Gott der Urgrund von allem und jedem ist. Genauso wie Gott nicht irgendein Wesen oder Ding ist, ist Gott auch nicht die Gesamtsumme aller Wesen oder Dinge. Genauso wie Gott nicht eine endliche Wesenheit ist, ist er auch nicht die Bündelung aller endlichen Wesenheiten. Gott ist ihr Grund, ihre Quelle, ihr Kraftort, der Ursprung, aus dem sie alle entspringen und in den sie alle zurückkehren, nicht als Wirkungen einer Ursache, sondern als Dinge, die aus einem Urgrund entstehen. Dieser Urgrund ist nicht ein Ding oder alle Dinge. Die beste Art, das auszudrücken ist, es nicht »Pantheismus«, sondern Panentheismus zu nennen und nicht zu sagen, dass Gott alles ist oder alles Gott, sondern dass Gott *in* allen Dingen ist und alle Dinge in Gott. Pantheismus ist andererseits eine sehr seltsame Position, und ich bezweifle, dass irgendein Philosoph oder Theologe sie jemals eingenommen hat. Denn das würde bedeuten, dass dieser Computer, auf dem ich gerade schreibe, Gott ist, dass meine mich nervenden Schwiegereltern eine Familie von Göttern sind, dass das alte Auto, das ich gerade in Zahlung gegeben habe, Gott ist, dass die Hochschule, an der ich vor Jahren studiert habe, Gott ist und so weiter. Ich kenne niemanden, weder als reale Person noch aus Büchern, der tatsächlich diese Position vertreten hätte.

Gott ist der Urgrund des Seins, oder, wie Tillich auch sagt, das Sein selbst (ipsum esse), nicht ein besonderes existierendes Wesen (ens). Es gibt noch eine andere Möglichkeit, mit der Tillich allerdings kurzen Prozess macht. Ironischerweise ist es die Position des Thomas von Aquin (des Thomismus), also genau des Theologen, den der eher an Augustinus orientierte Tillich dazu benutzt, die kurzsichtige Theologie des *ens supremum* zu illustrieren. Tillich scheint die explosionsartige Ausbreitung thomistischer Studien in seiner Zeit entgangen zu sein.[10] Er zieht nicht in Betracht, dass Thomas von Aquin sich sehr wohl des Problems bewusst war, dass die Rede von der Existenz Gottes, wenn also Gott ein existierendes Wesen wäre, die Gefahr in sich birgt, Gott zu etwas Endlichem zu machen. Wie praktisch alle Kommentare Mitte des 20. Jahrhunderts betonen, hat Thomas von Aquin gesagt, dass man Gott nicht nur das »erste Wesen« (ens primum) nennen solle – er verbot das nicht, das sei unter anderem auch ein Gebot der Pietät – sondern wir sollten auch und mit mehr Nachdruck (proprie) sagen, dass Gott »das Sein selbst« (ipsum esse) sei. Dann stimmt also Thomas von Aquin mit Tillich überein? Nicht ganz, denn Thomas von Aquin fügt genau das hinzu, was Tillich loswerden will, nämlich dass Gott *ipsum esse subsistens*« ist, wobei »subsistierend« (existierend) sowohl Sein als auch Wesen (*esse und ens*) bedeutet. Thomas von Aquin meint, dass Gott das Sein selbst ist, das als unabhängige Realität in und durch sich selbst subsistiert oder existiert (*per se subsistens*), so dass Gott noch allein dastehen würde, selbst wenn alle Geschöpfe verschwänden. Auch wenn Thomas von Aquin für seinen Aristotelismus bekannt war – hier nimmt er eine bemerkenswert

---

10 | An katholischen Universitäten gibt es Bibliotheken, die voll sind mit dieser Literatur, der klassische Text ist vermutlich Gilson, The *Christian Philosophy of St. Thomas Aquinas*. Die Bescheidenheit verbietet mir, mich auch auf mein Werk *Heidegger and Aquinas*, 122–45, zu beziehen, in dem ich einiges an Zeit aufwende, diesen Punkt genauer herauszuarbeiten.

platonische Position ein. Platon war davon überzeugt, dass es eine Form von »Baumheit« gibt, die in sich selbst subsistiert oder existiert. An dieser »Baumheit« haben die einzelnen existierenden Bäume Anteil, um wirklich Bäume zu sein. Thomas von Aquin meinte, dass die Platoniker zwar in Bezug auf Bäume und andere endliche Wesen falsch lägen, dass sie aber mit dem, was sie sagen, in Bezug auf Gott zufällig Recht hätten. Gott ist das Sein selbst, das durch sich selbst subsistiert, und daran haben alle geschaffenen Wesen Anteil, um überhaupt sie selbst zu sein. Die beachtliche Größe des Thomas von Aquin als metphysischem Theologen liegt in der beeindruckenden Weise, in der er das dargelegt hat.

Durch diesen platonischen Ansatz entkräftete Thomas von Aquin ungefähr sieben Jahrhunderte früher die eine Hälfte von Tillichs Einwänden (die nahezu blasphemische Hälfte), dass Gott dadurch begrenzt und zu einer endlichen Wesenheit gemacht werde, nicht aber die andere Hälfte, Tillichs anderen (»mythologischen«) Einwand. Denn Thomas von Aquin behandelt Gott wie einen Handelnden, der Dinge tut oder macht, eine Person, die Entscheidungen trifft, ein Beweger, der sich dazu entscheidet, Dinge zu bewegen (damit ist natürlich der erste –»primus« – Beweger gemeint), die »erste Ursache« aller Dinge. Thomas von Aquin betont, dass diese Redeweise richtig, aber nur als Analogie zu verstehen ist. Für Tillich dagegen ist dies noch deutlich schwächer, nicht »richtig«, sondern metaphorisch, und die Weigerung, dies anzuerkennen sei eben »mythologisch«. Ich denke, dass Tillich richtig liegt, wenn er sagt, so von Gott zu sprechen, als sei er ein persönlich Handelnder und ihn zu personifizieren sei eine unvermeidliche, aber »symbolische« Art, von dem zu sprechen, was ganz tief in unserem Leben und in der Wirklichkeit liegt. Das Mythologische beginnt dort, wo wir das Symbolische wörtlich nehmen, wenn wir also vergessen, dass das Symbol ein Symbol ist. Ich würde das nur leicht abwandeln, indem ich sage, dass dies eine »poetische« Weise ist, mit Gott umzugehen. Ich meine, es löst eine Menge Probleme, wenn wir sagen, dass Gott und die hohe Theologie als *Gedichte* zu verstehen sind. Doch dazu braucht es eine eigene Diskussion, die ich weiter unten wieder aufnehmen werde, wenn ich darlege, dass es dem eigentlichen Interesse der Theologie dient anzuerkennen, dass sie zutreffender ausgedrückt »Theopoesie« ist und letztendlich am Ende des Tages, eine Theopoesie über das Reich Gottes (Kapitel 9). Das wird uns dann das letzte Puzzleteil liefern, dass es uns erlaubt, die – zugegebenermaßen verrückt klingende – Frage zu stellen, ob das Reich Gottes Gott überhaupt braucht. Wenn einem eine poetische Seele fehlt, hat man kein Recht darauf, Theologie betreiben zu wollen.

Gott als Handelnden zu betrachten würde für Tillich das ins Unrecht setzen, was er meint, wenn er sagt, Gott sei das »Unbedingte«. Dies ist ein zentraler Punkt, der einer Erklärung bedarf.

2. Das Unbedingte

Das eigentliche Interesse der Theologie liegt nicht in Gott, sondern im Unbedingten. Den fortwährenden Versuch, das Unbedingte zu denken, diese Frage als solche zu stellen, nennt man radikale Theologie. Dies wirft auch die Frage nach Gott auf, denn Gott ist eines der ersten Dinge, an die wir denken, wenn wir an etwas Unbedingtes denken. Wenn wir überhaupt denken wollen, müssen wir an etwas Unbedingtes denken. Um das zu tun, können wir über Gott nachdenken – oder auch nicht. Das hängt davon ab, was wir mit »Gott« meinen. Oder noch besser: Es hängt davon ab, was wir mit »wir« meinen. Also wollen wir, die wir aufgewachsen sind mit dem Namen Gottes, der in unseren Köpfen herumspukt, auch mit Gott beginnen. Aber wir radikalen Theologen hören nicht mit Gott auf. Am besten dient es den Interessen der Theologie, weiterzudenken, Gott zu durchdenken, durch Gott »hindurch zu denken«, bis ganz hinunter zu den Wurzeln, hinunter zu dem, was Meister Eckhart als »Gottes Grund« bezeichnet, zu den Tiefen Gottes. Um das terminologisch richtig zu verstehen: Meister Eckhart nannte diesen Grund die »Gottheit« Gottes, oder die Göttlichkeit Gottes, die dunkle Seelenregion, aus der Gott aufgetaucht ist wie eine Welle, die vom Meer emporgeworfen wird (die »Tiefe«). Die »Gottheit« ist die unergründliche Tiefe Gottes, die unter allem liegt, was wir an der Oberfläche unseres Redens über Gott sagen (in der Theologie, der Philosophie, der Kunst und der Frömmigkeit). Das eigentliche Interesse der Theologie besteht in etwas Tieferem als Gott, etwas, das tief in Gott und tief in uns selbst liegt, etwas, das älter und tiefer ist als die immer wieder aufflammenden Debatten darüber, ob man an Gott, an die Existenz oder Nicht-Existenz eines Höchsten Wesens glaubt oder nicht. Das Unbedingte meint im wörtlichen Sinne das, was von allen begrenzenden Bedingungen befreit ist. Die einzige *Bedingung*, unter der wir von Gott sprechen können, ist für Tillich anzuerkennen, dass Gott *unbedingt* ist. Dies wiederum übertrifft alle Bedingungen, denen wir Gott unterwerfen können, darunter auch die, Gott als »Höchstes Wesen« zu verstehen. Diese Art der Überschreitung (aller Bedingungen) wohnt genau dem inne, was wir unter Gott verstehen. Die hohe Theologie lässt sich ganz von diesem »Gott in der Höhe« in Beschlag nehmen, die radikale Theologie versenkt sich tief in das Unbedingte, das älter ist als Gott in der Höhe.

Wenn wir vom Unbedingten sprechen, sollten wir nicht vergessen, dass Tillich sich Sorgen über die »Unangemessenheit aller begrenzenden Namen« macht, über alles, was das unbegrenzte Sein Gottes begrenzen, einschränken oder definieren könnte. Er sucht nach dem am wenigsten Begrenzenden, das wir über Gott sagen können. Natürlich müssen wir erkennen, dass alles, was wir sagen, unausweichlich durch die Sprache bedingt wird, in der wir es sagen, weil die Sprache selbst schon eine Bedingung ist. Das wiederum legt nahe, dass es Sprachen geben könnte, in denen wir kein gutes Äquivalent finden für das, was »wir« Gott nennen, oder auch für diese Unterscheidung zwischen Bedingtem und Unbedingtem. Etwas vom Unbedingten klingt an in der bekannten Formulierung des Anselm von Canterbury, dass Gott das sei, »worüber hinaus Größeres nicht gedacht werden kann.« Traditionell wurde dies immer als eine Argumentation für die Existenz Gottes verstanden, als eine Weise, die Existenz des *ens supremum* zu beweisen, des Gottes hoch droben im Himmel. Aus historischer Sicht sollten wir jedoch nicht vergessen, dass Anselm diese Reflektion im Kontext eines Gebets vorlegt, so dass diese Argumentation für Anselm den Gott bereits voraussetzt, zu dem er betet[11]. Deshalb ist Tillich der Auffassung, dass es eine sowohl konzeptionelle als auch historische Verfälschung ist, diese Meditation auf eine Beweisführung zu reduzieren. Auf jeden Fall klafft hier ein konzeptionelles schwarzes Loch. Die Theologen und Philosophen, die der Komplexität dessen nachgehen, was als »ontologischer Gottesbeweis« bekannt wurde (in Kürze: Wenn Gott nicht existieren würde, wären alle endlichen Dinge, die existieren, größer als Gott), werden von der Schwerkraft einer Rätselfrage aufgesaugt, aus der sie nie wieder auftauchen. So gern wir radikalen Theologen (zusammen mit nicht wenigen starken Theologen wie Karl Barth, Hans Urs von Balthasar und Jean-Luc Marion)[12] die dunklen Tiefen auch haben – wir machen einen weiten Bogen um den Sog der Schwerkraft des ontologischen Gottesbeweises und um den Umgang mit Anselms *Proslogion* als Beweis in einem allzu vereinfachten Sinn.

Indem wir Tillichs Spur folgen, bleiben wir radikalen Theologen unserer

---

11 | Der sogenannte »ontologische Gottesbeweis« beginnt so: »So denn, Herr, der Du die Glaubenseinsicht schenkst, gib mir, ... dass ich verstehe, dass Du bist, wie wir es glauben ...« Anselm von Canterbury, *Proslogion*, Kap. 2, 21.
12 | Vgl. z. B. Marion, *Ontological Argument*.

Linie treu und sagen, dass Anselm etwas anders meinte, eine wunderbar paradoxe, geradezu verrückte Art und Weise auszudrücken, dass dies die einzige Bedingung ist, unter der wir von Gott sprechen können: zu sagen, dass Gott das Unbedingte ist. Die adäquate Vorstellung von Gott ist die Vorstellung von dem, was alle Vorstellungen überschreitet. Die Vorstellung des Unvorstellbaren erinnert an den Begriff »Gefäß des Unfassbaren« (chora tou achoratou), wie die Gottesmutter Maria in der orthodoxen Tradition gern bezeichnet wird. Wenn wir sagen, dass Gott dies, das oder etwas anderes ist, können wir sicher sein, dass wir falsch liegen und dass Gott alles übertrifft, was wir über ihn sagen könnten. Gott hat die Bühne unserer Vorstellungen immer schon verlassen, ehe wir dort ankommen, er hat sich dem Zugriff jedes konzeptionellen (von lateinisch *capere*, ergreifen) Planes schon entzogen, ehe wir ihn entworfen haben. Gott schlüpft aus jedem Netz (jeder Bedingung), noch ehe wir es ausgeworfen haben. Die Vorstellung des Undenkbaren versucht nicht, alles weitere Nachdenken über Gott zu verhindern, sondern erinnert uns daran, dass etwas nicht stimmt an der Vorstellung von einem ersten Wesen, das erhaben und hoch droben im Himmel thront. Alles, was wir sagen können, ist, dass irgendetwas geschieht im und unter dem Namen »Gottes«, etwas ganz tief in Gott, etwas, das uns nicht ruhen lässt, das uns weitertreibt – und das ist es, worin das wahre Interesse der Theologie liegt. Etwas Tieferes drängt uns, über die Grenzen dessen, was wir bisher gedacht und uns vorgestellt haben, hinaus zu denken. Irgendetwas treibt uns über die Grenzen hinaus, gebietet uns, dorthin zu gehen, wohin wir nicht gehen können, das zu tun, was nicht getan werden kann, zu sehnen mit einem Sehnen jenseits aller Sehnsucht und so weiter. Genau dieser Ausdruck »und so weiter« bedeutet, dass dieser Prozess immer weitergeht, aber immer tiefer und tiefer, nicht höher und höher!

Sich mit den Kräften der Dekonstruktion verbünden

An diesem Punkt möchte ich das Anliegen von Tillichs Theologie vorantreiben, indem ich Tillich mit dem, was in der zeitgenössischen Theorie »Dekonstruktion« genannt wird, verbinde. Diese Denkweise wurde von Jacques Derrida (1930–2004) eingeführt, und sie ist auch mein Zugang zur Theologie, zu Gott (und auch zu anderen Dingen von Ethik über Politik bis hin zum Einkaufen im Supermarkt!) Alles, was ich in diesem kleinen Buch (über ein sehr großes Thema) sage, hängt von diesem Begriff ab. Das ist der Punkt, an dem ich Farbe bekenne in Bezug auf das, was man üblicherweise meine »Methode« nennt. Ich setze dieses Wort in Anführungszeichen. Wir sollten uns mit diesem Begriff nicht zufriedengeben, weil Methoden ihrem Gegenstand Bedingungen auferlegen. Meine einzige Methode ist aber, dem Weg des Kreuzes zu folgen, wie ein Blinder, der mit seinem Stock umhertastet. Wie kann es dann eine Methode geben, das Unbedingte zu diskutieren? Unter welchen methodischen Bedingungen können wir das Unbedingte diskutieren? Auf diese Art von Rätseln stoßen wir bei diesem Themenfeld immer wieder, und deshalb bewundere ich die gewandten und flinken Purzelbäume der Mystiker, die wissen, wie man sich in dieser auf den Kopf gestellten Welt bewegt. Radikale Theologie hat demgegenüber eine *apophatische* Qualität, ein Wort, das wir mit »Negation« oder »Verweigerung« übersetzen, das aber im wörtlichen Sinne bedeutet, so zu sprechen (*phasis*), dass man von dem weg (*apo*) spricht oder das wieder beiseiteschiebt, was man gerade gesagt hat. Wenn Sie sich in der klassischen Antike auskennen, könnte sie das an die alte Geschichte von Hermes erinnern, der seine Spuren verwischt, nachdem er Apollos Vieh gestohlen hat; das ist ein hervorragendes Bild für die »Hermeneutik«, die Theorie der Interpretation, die nach den diebischen Methoden des Hermes benannt ist. »Apophatisch« bedeutet, etwas zu sagen und es zugleich zurückzunehmen, indem man die Spuren des Gesagten schon während man es sagt verwischt. Das ist eine rhetorische Stilfigur, eine sehr nützliche, die man zum eigenen Vorteil gebrauchen kann, etwa indem man sagt: »Die Bescheidenheit verbietet es mir, mir diese glückliche Wendung der Ereignisse als Verdienst anzurechnen« – während man natürlich genau das tut, indem man behauptet, es nicht zu tun. Deshalb kann ich nur unter Protest der Behauptung zustimmen, Dekonstruktion sei meine »Methode«.

Ich behaupte schon lange, dass die Dekonstruktion keine schlechte Nachricht, sondern im Gegenteil in einzigartiger Weise von Nutzen für die Gute Nachricht ist.[13] Dekonstruktion ist nicht, wie ihre Kritiker behaupten, ein Alles-ist-möglich-Relativismus, sondern eine Art und Weise, das Unbedingte zu denken. Deshalb ist sie von unschätzbarem

---

13 | Die These in Caputo, *What Would Jesus Deconstruct?* ist, dass die Theorie der Postmoderne eine frohe Botschaft für die Kirche ist.

Wert für die Theologie, insbesondere für eine radikale Theologie in der von Tillich angestoßenen Tradition, die ich auch Theologie des Unbedingten nenne. In der Dekonstruktion wird das Unbedingte in Bezug auf das durchdacht, was Derrida das »Unzerstörbare« nennt. Ich beeile mich hinzuzufügen, dass Derrida ein weltlicher Denker ist, der »wohl zurecht als Atheist gilt«[14] und ganz bestimmt kein Theologe ist. Ich erzähle das von Tillichs Standpunkt aus, weil für Tillich das Unbedingte ein so elementarer Begriff ist, dass er voraussagt, es werde überall auftauchen – überall, das heißt überall dort, wo wir »tief« denken oder wo wir etwas machen oder tun oder den Dingen auf der Suche nach ihrer Tiefendimension auf den Grund gehen. Und ganz gewiss ist es in ganz ausgeprägter Weise mitten in einer sogenannten »weltlichen« und »atheistischen« Philosophie wie der Dekonstruktion zu finden. Das lässt uns in Blick auf die vielgepriesene Unterscheidung zwischen Theologie und Philosophie, oder den Religionen und der säkularen Welt, oder dem Glauben und der Vernunft nachdenklich werden – oder das sollte es zumindest. Derrida und Tillich, die beide gerne Grenzen überschreiten oder sich über die Grenzen stehlen (schon wieder Hermes!), sind der Ansicht, dass wir uns mit solchen Unterscheidungen nicht zufriedengeben sollten. Denn Unterscheidungen stecken Bedingungslinien im Sand des Unbedingten ab. Sie ziehen enge Grenzen in Gebieten, die doch noch zu erforschen sind, Grenzen, denen wir uns widersetzen und denen wir misstrauen sollten – bis zu dem Punkt, so bin ich versucht zu sagen, sie den Flammen zu übergeben, wenn das nicht so eine klassische Methode der »starken Theologie« wäre. Wenden wir uns also jetzt der Dekonstruktion zu und kommen dann auf Tillich, Gott und die Theologie zurück.

In der Dekonstruktion geht alles von der doppelten Prämisse aus, dass

1. all unsere Glaubensvollzüge, Institutionen und Traditionen, Künste und Wissenschaften, der ganze Schnickschnack und auch die Grundausstattung der Kultur Konstrukte sind.
2. alles, was jemals konstruiert worden ist, auch dekonstruierbar ist – auf die gleiche Weise, wie Aristoteles sagte, dass alles, was ins Leben gerufen worden ist, auch wieder vergeht, so dass, wenn etwas nicht dekonstruierbar ist, dies nur daran liegt, dass es noch nicht konstruiert wurde.

---

14 | Derrida, *Circumfession*, 155.

Zu sagen, dass etwas »konstruiert« wurde heißt, dass es in Raum und Zeit geformt oder »geschmiedet« [forged] wurde – ein Wort mit einer wunderbaren Doppeldeutigkeit, weil es sowohl gestalten als auch fälschen bedeuten kann. Das heißt nicht, dass ein »Konstrukt« nicht real ist. Es heißt nur, dass seine Realität eine gemachte, keine gefundene ist. Häuser sind erbaut. Das heißt aber nicht, dass sie nicht real sind. Die Geschichten, die in einem Roman (einer Fiktion) erzählt werden, sind gemacht. Die Geschichten im wirklichen Leben werden von realen lebendigen Kräften gemacht. In der Sprache der Phänomenologie von Edmund Husserl (1859–1938)[15] könnte man auch sagen, dass Konstruktionen »konstituiert« werden. Wenn das so ist, werden sie nicht von dem konstituiert, was Husserl das transzendentale Bewusstsein nennt, sondern in einem anonymeren präpersonalen, quasi-transzendentalen Bereich, einem komplexen Netz von ineinander verwobenen Kräften; diese sind linguistischer, historischer, sozialer, politischer, geschlechtsspezifischer, körperlicher Natur usw. , und das heißt »wer weiß was noch alles«. Gemeinsam bilden all diese Kräfte so viele verschiedene Grundannahmen – in Derridas stenographischer Schreibweise mit dem bekannten Begriff »*différance*« bezeichnet – die relativ stabile Wirkungen oder Bedeutungszusammenhänge hervorbringen. Wenn sie aber relativ stabil sind, sind sie auch relativ unstabil – und damit dekonstruierbar. Wahrscheinlich ahnen Sie schon, worauf das hinausläuft: Tillich, Derrida und die meisten postmodernen Denker beharren heutzutage darauf, dass Religion dekonstruierbar ist; dies erkennen Theologen an, indem sie sagen, dass wir Religion nicht mit Gott verwechseln sollten und dass im Namen des Unbedingten auch »Gott« dekonstruierbar ist. Um das richtig zu verstehen, müssen wir nach dem Unterschied zwischen dem Dekonstruierbaren und dem Nicht-Dekonstruierbaren fragen.[16]

---

15 | Husserl gründete die Schule der Phänomenologie, die eine sensible Wiedergabe von konkreter Lebenserfahrung möglich macht, im Gegensatz zu abstrakter Theorie oder kausalen Erklärungen. Das war der Ausgangspunkt von Heidegger und vieler europäischer Philosophen des 20. Jahrhunderts.
16 | Ich habe versucht, einen lesbaren Kommentar zu Derridas Sicht auf Différance und andere grundlegende Themen in *Deconstruction in a Nutshell* zur Verfügung zu stellen. Er enthält ein Round-Table-Gespräch mit Derrida, das keine Fragen offenlässt, ergänzt durch meine Kommentare dazu.

Das Dekonstruierbare

Dekonstruierbar zu sein bedeutet, reformierbar oder transformierbar zu sein. Darin steckt schon der Begriff »Form« *(morphe)*, der auf Aristoteles zurückgeht und von Catherine Malabou (1959) – der meines Erachtens wichtigsten französischen Philosophin der neuen Generation – favorisiert wird. Malabou ist eine ehemalige Studentin Derridas, die den Begriff der Dekonstruierbarkeit umgearbeitet hat in das, was sie »Plastizität« der Formen nennt, ein Begriff, der auch in der Gehirnforschung von Bedeutung ist, für die sich Malabou ebenfalls interessiert.[17] Wenn etwas dekonstruierbar ist, bedeutet das, dass man es erfinden [invent], neu erfinden [reinvent] und (bis zu einem gewissen Grad) auch verhindern [prevent] kann – und in all dem steckt natürlich der Begriff »Ereignis«, [event] den Derrida gebraucht. Während Malabou Differenz zu einer Funktion sich wandelnder Formen machen will, ist für Derrida die Form eine Auswirkung der *différance*. Für Derrida ist jede relativ stabile Form oder Bedeutung eine Einheit, die im Spiel der Unterschiedlichkeiten geformt oder geschmiedet wird. Ich möchte hier gleich betonen, dass Dekonstruktion nicht einfach Zerstörung bedeutet, obwohl nichts dafür spricht, dass Dinge, die dekonstruierbar sind – und welche sind das nicht? – nicht auch eines Tages zerstört werden, ob wir die Sprache des Ereignisses oder der Form gebrauchen.

Der Ausdruck »kreative Zerstörung« ist nicht unbedingt eine schlechte Art, Dekonstruktion zu definieren; dennoch weigere ich mich, ihn zu gebrauchen, denn er ist auch eine der Definitionen von Kapitalismus, und es gibt auch andere ethische und politische Aspekte der Dekonstruktion (z. B. ihr ausgeprägtes Interesse am »ganz Anderen«, *tout autre*), die die Auswirkungen scharf kritisieren, die der Kapitalismus hervorbringen kann. Kapitalismus hat die Tendenz, kreativ in Hinblick auf Wohlstand für die Reichen und destruktiv in Hinblick auf Wohlstand für die Armen zu sein. Deshalb ist Kapitalismus nicht so sehr ein Beispiel für Dekonstruktion als vielmehr ein Gegenstand der Dekonstruktion, d. h. etwas, das Dekonstruktion dringend nötig hat. Dekonstruktion, das möchte ich festhalten, hat mehr mit dem Reich Gottes zu tun als der Kapitalismus. Sie steht nämlich auf der Seite der Opfer des Kapitalismus (Kapitel 5).

17 | Malabou, *The Future of Hegel*.

Wenn ich sage, dass ein Konstrukt eine relativ stabile Form, eine relativ stabile Einheit ist, dann meine ich damit, dass Bedeutung, Form und Einheit nicht am Anfang, sondern am Ende stehen, nicht a priori, sondern a posteriori. In der Dekonstruktion ist Verschiedenheit nicht eine Auswirkung der Unterteilung einer Einheit, sondern Einheit ist eine Auswirkung, die aus dem Spiel der Unterschiedlichkeiten entsteht. Einheiten sind abgeleitete Wirkungen und ihr Ursprung ist uneinheitlich und in diesem Sinne auch nicht-ursprünglich, wenn man dem klassischen Verständnis von Ursprung folgt, das immer eins oder einfach ist. Eine tiefere Bedeutung, eine Religion, eine Glaubenspraxis, eine Institution, all das sind Auswirkungen von Systemen, die Bedeutungen, Religionen, Glaubensvollzüge und Institutionen hervorbringen. Das ist der Grund, warum ein Wort – sogar ein Wort wie »Gott« – ein Kunstwerk oder eine Institution (wie die Religion) nicht eine Bedeutung haben, sondern eine Geschichte von sich immer wieder verschiebenden Bedeutungen ist. Wenn man von einer Bedeutung im Singular spricht, spricht man von einem Standbild, wie etwa einem gefrorenen Wasserfall oder einem Standbild in einem Film. Auf die gleiche Weise kann Dekonstruktion durch eine sorgfältige Geschichtsschreibung geschehen, die sich nicht von einer bestimmten Phase der Geschichte betören lässt. So ist Dekonstruktion auch eine Destabilisierung, zum Besseren oder zum Schlechteren, denn nichts sagt uns, dass all das in einer Verbesserung und nicht in einer Katastrophe enden wird. Die Dekonstruierbarkeit aller Konstrukte bedeutet, dass jedes bestehende Konstrukt in Hinblick auf die eigene Zukunft sowohl eine Verheißung als auch eine Bedrohung darstellt.

Dekonstruktion ist nicht nur und nicht einmal in erster Linie etwas, das *wir* tun (da Dekonstruktion die Betonung auf die systemischen Rahmenbedingungen legt, ist sie sehr misstrauisch gegenüber dem individuellen »Subjekt« oder dem »autonomen Ich«). Dekonstruktion geschieht, ob es uns gefällt oder nicht. Sie geschieht in den Dingen selbst, insofern diese Dinge den Launen der Zeit unterworfen sind, über die wir keine Kontrolle haben. Derrida nennt das »Selbst-Dekonstruktion«. Dennoch gibt es auch dekonstruktive Prozesse, zu denen wir etwas beitragen, an denen wir beteiligt sein *können*, was bedeutet, dass wir dieses Ereignis entweder voranbringen oder verhindern können. Aufgrund seiner Unvorhersehbarkeit können wir ein Ereignis nicht geschehen lassen, aber wir können die Bedingungen schaffen, unter denen Ereignisse geschehen können. Wir können uns in unterschiedlichen Stadien der Offenheit bereithalten für das Kommen von etwas, was wir nicht kommen sehen. Oder wir können versuchen, dieses Ereignis zu verhindern. Das ist für gewöhnlich das Ziel der Mächtigen, die der Ansicht sind, dass die derzeitige Ordnung gut ihren Zwecken dient. Aber das ist nicht immer so, denn es gibt auch Ereignisse, die wir mit gutem Grund verhindern wollen, weil manche Ereignisse Katastrophen sind. Aber selbst in diesem Fall, so meint Derrida, würden wir das versuchen, um die Zukunft offenzuhalten, denn genau darum geht es letztlich in der Dekonstruktion. Wir können Systeme aufbauen, in denen alles überwacht, kontrolliert und der Aufsicht und Herrschaft des Gesetzes unterworfen wird, um zu verhindern, dass irgendetwas Unvorhergesehenes geschieht, zumindest, soweit das möglich ist. Der Versuch, ein Ereignis zu verhindern, ist ein konservativer Impuls, der dazu neigt, rückwärtsgewandt, reaktionär und regressiv zu werden. Der Versuch, ein Ereignis voranzubringen, ist proaktiv und progressiv, aber man muss aufpassen, dass das nicht zu einer leichtsinnigen »alles-ist-möglich«-Anarchie wird.

Diese Debatte darüber, wie streng Rechtsnormen auszulegen sind, ist die älteste und prägende Debatte des sogenannten »Post-Strukturalismus« – ein exakterer Begriff als der gängigere, aber auch trügerische Ausdruck »Post-Moderne«, der sich mehr auf die zeitgenössische Kultur im Allgemeinen bezieht. Die Strukturalisten argumentieren, dass ein System wie Sprache (und »Kultur« im Allgemeinen) von einer tieferen Grammatik (Strukturen) beherrscht wird, die allen Variationen in den grammatikalischen Regeln der natürlichen Sprachen zugrunde liegt. Diese Strukturen sorgen dafür, dass alles, was in einer Sprache geschieht, von einer Regel beherrscht oder »programmiert« wird, sozusagen buchstäblich »im Voraus geschrieben« wird. Diese tiefere Grammatik wurde *langue* genannt (nennen wir es die Struktur der Sprache), im Gegensatz zu individuell empirischen Äußerungen, die *parole* oder »Ereignisse« genannt wurden (nennen wir sie »Sprech-Akte«), die unter den Regeln dieser Gesetzmäßigkeiten geschehen. Die Post-Strukturalisten – die »Achtundsechziger« (*les Soixante-huitaires*) – kämpften wie schon 1968 dagegen und traten für eine widerständigere Nicht-Programmierbarkeit ein. Ein gutes Beispiel dafür ist folgende Metapher: Ausübung größtmöglichen Drucks auf die Regeln, um dadurch eine neuartige und nicht vorhersagbare Wirkung zu erzielen. Genau das meinten sie mit dem Begriff »Ereignisse«. Derrida verfasste das zentrale Dokument dieser Debatte mit dem passenden Titel »*Grammatologie*«, d. h. dass der *logos* der *gramme* (Spur) keine in sich geschlossene Logik ist, sondern eine mit offenem Ende, also kein *Pro-gramm*.[18] . Derrida verteidigte also eine Theorie der Vernunft (*logos, ratio*), die weder rational ist, d. h. dass alles von Regeln eingeschränkt wird, noch irrational, d. h. dass es überhaupt keine Regeln gibt und alles möglich ist. Als Derrida später einen Essay mit dem Titel »Glaube und Wissen: Die zwei Quellen der Religion und die Grenzen der reinen Vernunft«[19] schrieb, war darin seine Vorstellung von Vernunft nicht die von Kant, bei der die Vernunft die Religion entsprechend ihrer transzendentalen Bedingungen integriert, sondern eine »grammatologische«, in der die Vernunft die ergebnisoffene und quasi-transzendentale Bejahung des Kommens dessen ist, was wir nicht kommen sehen können, und die Bejahung der Unmöglichkeit, einzelne Dinge in festen Grenzen einzuschließen. In Kants Vorstellung von Vernunft setzt die Vernunft die Bedingungen; in Derridas Vorstellung von Vernunft wird alles Bedingte, einschließlich der Vernunft selbst, dem Unbedingten ausgesetzt. In diesem Fall, so legt Derrida dar, wird die Unterscheidung zwischen Glaube und Wissen und deshalb auch zwischen Religion und säkularer Welt sehr viel durchlässiger als Menschen wie Kant damals in der Zeit der Aufklärung bereit waren zu glauben, und zwar weil das Unbedingte sowohl die Vernunft als auch den Glauben öffnet für etwas, das sie nicht kommen sehen können. Es gibt sowohl eine Theologie als auch eine Philosophie des Unbedingten und es ist überhaupt nicht klar, was die beiden unterscheidet und ob wir uns überhaupt mit dieser Unterscheidung belasten sollten.

Offensichtlich hängt alles davon ab, die Spannung zwischen den Regeln und dem Widerspenstigen zu halten und die richtige oder zumindest bestmögliche Mischung zwischen Einhaltung der Regeln und Förderung des Ereignisses zu finden. Zu viel Bewahrung ist der Tod einer Institution oder Tradition, ein Tod durch Erstarrung oder Verkalkung. Zu viel Ereignis-Orientierung bedeutet ebenfalls den Tod – Verrücktheit, Trauma und Chaos – und führt so zu einem Tod durch Zerstreuung.

---

18 | Derrida, *Grammatologie*, 16–23.
19 | Derrida, *Glaube und Wissen*.

James Joyce fand eine gelungene Formulierung für diesen Weg zwischen einem Zuviel (Kosmos) und einem Zuwenig (Chaos) an Ordnung in dem großartigen Ausdruck »Chaosmos«, was wir als einen optimalen Zustand des Ungleichgewichts beschreiben könnten, in dem wir genau die richtige Prise Verrücktheit hinzufügen, um eine bestmögliche Un-/Ordnung, In-/Stabilität, An-/archie zu erreichen. Das heißt kurz zusammengefasst Dekonstruktion.

Das nicht Dekonstruierbare

Von daher dürfte es nicht schwierig sein zu verstehen, dass Dekonstruktion, ganz im Gegensatz zu dem, was man ihr vorwirft, nicht bloße Spinnerei, Verrücktheit oder Anarchie ist, sondern dass sie unter dem Einfluss von etwas geschieht, das sie fest im Griff hat. Die nächste Frage, die wir dann stellen müssen, ist: Was ist das? Wodurch wird der ganze Prozess der Dekonstruktion geordnet oder gesteuert? Wo liegen die Loyalitäten der Dekonstruktion? Worauf ist sie bereit, einen Eid zu schwören? Welche Autorität erkennt sie an? Was bejaht sie? Wem gegenüber ist sie verantwortlich? Auf welchen Ruf antwortet sie?

Die Antwort lautet: Es ist das nicht Dekonstruierbare. Jeder Dekonstruktion, die es gibt, entspricht etwas, das nicht dekonstruierbar ist. Zu jedem existierenden System, in dem eine Dekonstruktion stattfindet – wie die Dekonstruktion von Religion – gibt es systemimmanent etwas nicht Dekonstruierbares (z. B. in der Religion), das als solches dem Zweck dient, für den die Dekonstruktion überhaupt in Angriff genommen wird, etwas, das diese inspiriert und zugleich erfordert. Natürlich gibt es so etwas wie »Dekonstruktion« im Singular und groß geschrieben nicht, sondern nur ganz viele verschiedene Auswertungen von Dekonstruktionen – von literarischen Werken, politischen Systemen, Institutionen, historischen Traditionen, Staatsverfassungen, philosophischen Positionen – die alle auf etwas nicht Dekonstruierbares abzielen, das sie motiviert und inspiriert. Jede Auswertung einer Dekonstruktion wird also mit unermüdlicher Loyalität zum nicht Dekonstruierbaren unternommen, was ja auch der eigentliche Grund ist, warum eine Konstruktion immer dekonstruierbar ist. Denn keine Konstruktion kann für immer Bestand haben. Deshalb können wir den beiden Thesen zur Dekonstruktion, die wir oben aufgeführt haben, eine dritte hinzufügen:

3. Dekonstruierbarkeit taucht immer aus der Tiefe auf, aus der Verwobenheit jeder Konstruktion in Raum und Zeit; aber zugleich – und das ist besonders interessant – entsteht sie auch von oben durch den Druck, den das nicht Dekonstruierbare ausübt und unter dem alle Konstruktionen zusammenbrechen.

Deshalb meint Derrida, dass das nicht Dekonstruierbare das Unbedingte ist – das habe ich mir nicht ausgedacht, es ist genau Derridas und ebenso auch Tillichs Sprache – während das Bedingte all das ist, was unter den konkreten Bedingungen von Sprache, Geschichte und sozialpolitischer Ordnung konstruiert wird. Das Bedingte existiert in Raum und Zeit; es geschieht tatsächlich, beruht auf Fakten, ist real und historisch. Das Unbedingte ist demgegenüber das, wovon wir träumen, worum wir beten, was wir mit einer Sehnsucht jenseits aller Sehnsucht ersehnen:
- Das Unbedingte ist das, was an *uns* (im Akkusativ) unbedingte Forderungen stellt. Das Unbedingte ist das, was uns provoziert, was uns anruft und worauf wir antworten.
- Das Unbedingte ist das, was *wir* (jetzt im Nominativ) bedingungslos bestätigen, dem wir treu sind, ohne in der Position zu sein, vorher Bedingungen oder Forderungen stellen zu können.

Das Unbedingte ist eher etwas, das uns »hat« als dass wir es hätten. Das Unbedingte gibt immer den Anstoß – niemals sind wir diejenigen, die die Initiative ergreifen. Selbst wenn wir das Unbedingte im Nominativ bestätigen, kommt diese Bestätigung an zweiter Stelle, als Antwort auf den vorausgehenden Ruf des Unbedingten an uns. In diesem Sinn sind wir ein »Uns«, ehe wir ein »Wir« sind; wir sind die, an die ein Ruf ergeht (*tois kletois*«, 1 Kor 1,24). Das nicht Dekonstruierbare ist also ein unbedingter Ruf, und wir sind dazu aufgerufen, ihm zu folgen, im Akkusativ. Das ist die Autorität, vor der wir uns verantworten müssen. Dekonstruktion ist keine Anarchie, sondern eine Theorie der Verantwortung; sie bedeutet nicht ein »alles ist möglich«, sondern sie ist eine Sache der Loyalität dem Ruf gegenüber, der entsprechend der dreigeteilten Struktur der Zeit ebenfalls eine dreigeteilte Struktur hat: der Ruf ist zugleich Anruf, Aufruf (auf Zukunft hin) – und das, woran wir uns erinnern sollen.

Der Begriff des Rufs ist für die Dekonstruktion zentral und ich werde weiter unten (Kapitel 8) darauf zurückkommen. Für den Moment soll es genügen zu sagen, dass der Ruf das ist, was uns ungebeten heimsucht.

Der Ruf kommt ungerufen. Wir tun das nicht, es wird uns angetan. Die Welt hat ohne uns begonnen. Der Ruf wohnt immer schon in Sprache, Geschichte und Tradition, die zu dem Zeitpunkt, wenn wir die Bühne betreten, alle schon vorhanden sind. Der Ruf steigt auf aus dem zweifachen Werben einer unvorhersehbaren Zukunft und einer unvordenklichen Vergangenheit. Unter der Einwirkung des Rufs wird daher jede tatsächliche Konstruktion als etwas Bedingtes, als eine relativ stabile Sinneinheit, von dem, was da ruft, destabilisiert, und zwar sowohl durch eine Verheißung auf das, was uns fordert als auch durch die Erinnerung an die Vergangenheit. In der Gegenwart, so sagt Derrida, geistern die herum, die noch kommen werden, *les arrivants*, aber auch die Geister der Vergangenheit, *les revenants*; anders ausgedrückt die Geister der Zurückgekehrten. Zusammen bilden diese Geister eine »Spukologie«[20] oder sagen wir lieber eine »Spuko-Theologie«! In der Dekonstruktion geht es uns wie Hamlet, der vom Geist seines Vaters heimgesucht wird, oder wie dem alten Scrooge, der von den Geistern der vergangenen, gegenwärtigen und zukünftigen Weihnacht erschreckt wird. Die Geister versuchen, Ebenezers erbärmliches Leben zu dekonstruieren. Damit versuchen sie, ihm einen Gefallen zu tun, so schmerzlich das dem alten Geizhals auch scheint. Insgesamt sollten wir, wenn etwas dekonstruiert wird, dies als »frohe Botschaft« willkommen heißen – selbst wenn es uns manchmal mitten in der Nacht am ganzen Leib zitternd im Bett hochfahren lässt.

Das protestantische und das jüdische Prinzip

Um Derridas und Tillichs Analyse des Unbedingten miteinander zu verbinden, wollen wir uns das ins Gedächtnis rufen, was Tillich das »protestantische Prinzip« nennt; Tillich weitete es sehr stark über den konfessionellen Protestantismus hinaus aus zu einem Prinzip, an dem sich auch der historische Protestantismus, das »protestantische Zeitalter«, messen lassen muss. Er ging davon aus, dass dieses Prinzip ein allgemeines Prinzip sei – und insgesamt ein guter Rat für alle, die in der Zeit leben (und wer tut das nicht?). Er war auch überzeugt, dass es dementsprechend den historischen Protestantismus überleben und die Zeiten überdauern

---

20 | Vgl. Caputo, *Year of the Jubilee*. Dieses Werk richtet sich an ein größeres Publikum und nicht nur an eine akademische Leserschaft.

könnte und sollte. In Tillichs Interpretation bedeutet *semper reformanda*, dass nichts Endliches und Bedingtes jemals dem Unendlichen und Unbedingten gerecht werden könne, das ja immer alles Endliche und Bedingte beurteilt. Das gilt auch für die Religion, sogar einschließlich der protestantischen. Derrida bietet ein eigenes – nennen wir es jüdisches – Prinzip an, sozusagen ein *semper deconstruenda*: Nichts Konstruiertes kann jemals dem nicht Dekonstruierbaren gerecht werden; deshalb steht jedes Konstrukt unter dem ständigen Urteil des nicht Dekonstruierbaren. Nichts, was existiert, entspricht je dem, wozu es doch mit Nachdruck gedrängt wird. Nichts Endliches und Bedingtes darf je mit dem Aufruf selbst verwechselt werden. Die andere Seite des protestantischen Prinzips ist der *justus et peccator* (gerechtfertigt durch den Glauben und zugleich Sünder), was für Luther entscheidend für seine Kreuzestheologie war. Für Derrida hingegen bedeutet es, dass wir keine großartigen leistungsstarken Subjekte oder autonome Egos sind, die die Macht haben, durch die Gegend zu laufen und Dinge zu dekonstruieren. Wir schwächen weder Gott noch sonst etwas; das einzige, was wir in der Hand haben, ist, Gott Gott sein zu lassen. Wir werden immer »angerufen« im Akkusativ (*peccator*), und wir sollen die Dynamik des Glaubens an das, was kommt, annehmen, was natürlich gerechtfertigt (*justus*) ist durch den Zweifel (die Ungläubigkeit), der jedem Glauben innewohnt.

Die große Nähe zwischen Tillichs protestantischem Prinzip und Derridas dekonstruktivem Prinzip ist aus den gemeinsamen biblischen Bezügen auf die Kritik an der Götzenverehrung zu erklären. Mein Verlangen, über den Theismus hinauszugehen, geht Hand in Hand mit meinem besonderen Interesse daran, den Fokus auf den Götzendienst der Macht zu richten. An diesem Punkt haben es die Religion und die klassische Theologie dringend nötig, den biblischen Rat in Bezug auf die falschen Götter zu beherzigen, den sie so freigiebig anderen erteilen. Der Götze oder falsche Gott, der meiner Ansicht nach von beispielloser Bedeutung ist und der eine beispiellose Gefahr für sich selbst und alle anderen darstellt, ist der Gott der Macht, das Höchste Wesen, der nahezu blasphemische und mythologische *deus omnipotens*. Das Modell (und selbstverständlich sind Modelle immer konstruiert) der »göttlichen Souveränität«, das jahrhundertelang ein Modell und zugleich das beste Alibi für politische Souveränität war –übertragen von GOTT zum MONARCHEN zu den MENSCHEN (wenn ich etwas in Großbuchstaben schreibe, mache ich mich darüber lustig und stelle es in Frage) – braucht Dekonstruktion am nötigsten.

Göttliche Souveränität ist ein Konstrukt, das das Unbedingte auf bestimmte historische Bedingungen in der Welt reduziert, auf eine der Mächte und Gewalten, die in der Welt ihre Schlachten schlagen. Sie pervertiert die Freiheit des Volkes Gottes und macht die Menschen zu Untertanen eines unergründlichen und oft aufbrausenden Tyrannen, dessen Anfälle schlechter Laune mit Anfällen von Liebe Hand in Hand gehen, was ja geradezu ein Musterbeispiel einer wirklich schlechten und von Gewalttätigkeit geprägten Ehe ist. Das entstellt die tatsächliche unbedingte Herrschaft Gottes und fällt daher unter das Urteil des Unbedingten, das uns gebietet, Konstrukte nicht über das Unbedingte zu stellen. Götzenverehrung führt dazu, dass wir nicht *durch* die Macht Gottes gerettet werden; wir müssen vielmehr *vor* der Macht Gottes gerettet werden. Es liegt also wirklich im eigenen Interesse der Theologie, nach einem Weg jenseits von Theismus und Atheismus zu suchen, in gewissem Sinne nach dem »Tod Gottes«, nach dem gekreuzigtem Gott, der dem Namen Gottes neues Leben einhaucht. Deshalb will ich von diesem Punkt ausgehend für die Schwachheit Gottes eine Lanze brechen (Kapitel 5–6).

Spätestens jetzt sollte klar sein, dass die Behauptung, Dekonstruktion sei eine rein weltliche Angelegenheit, mit äußerster Vorsicht zu genießen ist. Denn in der Tat lässt sie schon die Idee einer rein weltlichen Kritik suspekt aussehen, was Marx sozusagen auf den Kopf stellt. Marx sagte ja, dass die Kritik an der Mystifizierung der Religion das Modell für jede Kritik an Mystifizierungen jeder politischen Ideologie sei. Tillich und Derrida drehen Marx gegenüber den Spieß um und sagen, dass nicht die Religionskritik, sondern die Kritik der Religion an den Götzen zuerst da war. Die religiöse Infragestellung alles Bedingten im Licht des Unbedingten ist die Blaupause für jede vermeintlich weltliche Kritik. Derrida fügt noch hinzu, dass dieses sehr prophetische und messianische Motiv, das direkt aus der Bibel kommt, hinter Marx' eigenem kritischen Impuls stecke. Wie Derrida sagte, hat Marx beim Versuch, die Spukgestalten der Religion zu vertreiben, einen Geist zu viel ausgetrieben, nämlich den, den er selbst heraufbeschworen hat, z. B. wenn er zu Beginn des *kommunistischen Manifests* sagt, dass der Geist des Kommunismus in Europa umgehe. Damit wollte er der selbstzufriedenen europäischen Bourgeoisie einen Schrecken einjagen, indem er ihr sagte, dass der Kommunismus sie schon noch kriegen würde.[21]

Dieser allgemeine prophetische Argumentationsstrang taucht auch in den messianischen Untertönen in Derridas Diskussion über Demokratie auf, um nur eines von vielen möglichen Beispielen zu nennen. Demokratie ist für Derrida immer eine »Demokratie im Kommen«. Keine real existierende Demokratie ist der Herausforderung dessen gewachsen, was uns anruft, was in der Erinnerung lebt, was uns herausfordert im und unter dem geheimnisvollen, vieldeutigen, inspirierenden Namen der Demokratie. Demokratie ist nie schon da, nicht einmal in den real existierenden Demokratien. Demokratie ist immer im Kommen, wie ein Messias, der nie auftaucht, aber uns immer wieder mitten in der Nacht mit der Verheißung/Drohung seines Kommens aufstört. Demokratie ist eine Erinnerung und eine Verheißung, etwas, wovon wir träumen, was uns heimsucht, was wir mit einer Sehnsucht jenseits aller Sehnsucht ersehnen, gegen alle Hoffnung hoffend. Könnten wir sogar sagen, sie ist etwas, worum wir beten? Ich werde weiter unten mehr zum Thema Gebet sagen (Kapitel 3).

So gesehen bietet Dekonstruktion keine Ontologie dessen, was ist, eine Metaphysik des Gegenwärtigen, sondern eine Art »Spukologie«, die uns ängstigt, Stimmen der Toten, die uns rufen oder die uns aus der Zukunft locken, die von wer weiß woher rufen, die an uns appellieren und uns nachts aufstören. Wenn wir aufwachen und uns kerzengrade im Bett aufrichten, sind wir sicher, dass da jemand im Zimmer war. Wir sind sicher, dass wir jemanden sprechen hörten. Wenn Heidegger sich dazu hätte durchringen können, einen Witz zu erzählen, hätte er vielleicht gesagt, dass das Sein von der Zeit in Schrecken versetzt wird, dass die Zeit aus den Fugen ist – und dass der Grund dafür ist, dass das Sein erschreckt wird. Das heißt, dass das Sein oder das Gegenwärtige durch die Zeit destabilisiert, zerrissen und ruhelos gemacht wird – während wir die Ruhelosen sind, deren Herzen unruhig sind, *inquietum est cor nostrum*, wie Augustinus sagte[22]. Es ist nicht nur so, dass die Zeiten aus den Fugen geraten sind, sondern die Zeit *ist* das Aus-den-Fugen-Sein des Seins.

Für gewöhnlich beschreibe ich dieses Thema heutzutage so: Das Unbe-

---

21 | Derrida, *Marx' Gespenster*, 190. Vgl. Caputo, *The Prayers and Tears of Jacques Derrida*, 118–151 für nähere Erläuterungen.
22 | In deutscher Übersetzung in: Augustinus, *Bekenntnisse*, Buch 1, Kap.1, 37.

dingte existiert nicht, es insistiert[23]. Das Unbedingte ist ein Ruf: etwas soll Wirklichkeit werden, und wir sind aufgerufen, das zu ergänzen, was am Leib des Unbedingten noch fehlt – das klingt ein wenig nach dem, was Paulus über den Leib Christi sagt (Kol 1,24).

Wir sind die Empfänger eines Rufes, der uns heimsucht und uns in den Akkusativ setzt. Es steht uns wie immer frei, auf den Ruf zu hören; wir können auch versuchen, ihn zu ignorieren, oder wir schaffen es, ihn nicht zu hören oder sogar, ihn definitiv zu vergessen oder zu unterdrücken. Wir werden von diesem Ruf verfolgt, geängstigt und zugleich inspiriert. Das heißt auch, dass wir der Verzweiflung anheimfallen, wenn wir uns dem Ruf verweigern.

Man könnte sogar sagen, dass das Unbedingte unendlich ist, und zwar nicht, weil es ein unendliches Wesen oder Existierendes ist – das Unbedingte existiert überhaupt nicht, es insistiert – sondern weil es unvollendet ist. Seine Unendlichkeit ist infinitivisch, immer im Kommen, immer nach etwas rufend, was kommen soll, wie das Reich Gottes, das nie erscheint. Wie ich weiter unten zeigen werde, ist es nicht ein Höchstes Wesen oder gar der Urgrund allen Seins oder das Über-Wesen der negativen Theologie. Grammatikalisch wird das Unbedingte immer im Infinitiv ausgedrückt. Jedes unbedingte x ist ein x im Kommen. Was schon gekommen ist, ist tatsächlich, existierend, gegenwärtig, begrenzt, ein Konstrukt, eine relativ stabile Wirkung – die aber immer dem Drängen dessen ausgesetzt ist, was im Kommen ist, wobei mit »Drängen« nicht nur eine dringende Bitte gemeint ist, sondern im wörtlichen Sinn von *sollicitare* eine Erschütterung oder ein Aufgerütteltsein, nicht eine unbewegte majestätische Macht.

---

23 | Das ist die These von Caputo, *The Insistence of God*; vgl. hier 24–38.

3. Proto-Religion

Was nützt es eigentlich, Tillich mit der Dekonstruktion zusammenzubringen, um sich so an das Unbedingte in der Religion, in Gott und der Theologie anzunähern? Um diese Frage zu beantworten, sollten wir meines Erachtens mehr in die Richtung einer von mir so genannten »Proto-Religion« denken.

Dazu möchte ich zunächst das bisher Gesagte auf folgende Weise zusammenfassen: In einer »Spuko-Theologie« leben wir unser Leben in *Hoffnung* – den Andeutungen der Verheißung dessen folgend, was im Kommen ist, wozu wir gerufen sind – und das schließt auch die Verheißung der Vergangenheit ein, die Verheißung dessen, was uns aus der Vergangenheit überliefert wurde. Wir leben unser Leben im *Glauben* – an das Unvorhersehbare, an das Kommen dessen, was wir nicht kommen sehen. Und nicht zuletzt leben wir unser Leben in *Liebe* – zum Unbedingten, zum nicht Dekonstruierbaren, das wir mit einer Sehnsucht über alle Sehnsucht hinaus ersehnen, mit einem sehr agapäischen Eros oder einer erotischen Agape. Für jetzt bleiben Glaube, Hoffnung, Liebe, diese drei (1 Kor 13,13).

Wie Sie sehen, habe ich soeben Dekonstruktion ganz unbefangen anhand der drei wohlbekannten »theologischen Tugenden« beschrieben. Zum großen Entsetzen vieler Dekonstruktivisten und Philosophen – »die Frommen fordern Wunder und die Philosophen wollen Beweise« (1 Kor 1,22) – begehe ich hier die Torheit, eine offenkundig religiöse, ja sogar theologische Sprache zu verwenden. Ich entschuldige mich nicht dafür. Hier stehe ich. Ich kann nicht anders. Ich gebe zu, dass mich als Philosophen die Theologie schon immer betört und durch einen schlangengleichen Verführer dazu verleitet hat, von der verbotenen Frucht zu essen, obwohl ich mich doch mit klarem Verstand und nüchterner Besonnenheit auf den Weg meiner philosophischen Karriere gemacht habe. Es ist eine persönliche Verrücktheit und Schwäche: Ich habe es nie geschafft, *nicht* von Religion, Gott und Theologie zu sprechen, so sehr ich es auch versucht habe. Ich habe diese Stimmen mein ganzes Leben lang gehört. So wurde ich gerade durch die Dekonstruktion von Religion dazu geführt, eine offenkundig religiöse Sprache anzunehmen. Aber lassen Sie sich im Voraus warnen: Es ist möglicherweise nicht die Religion, die Sie erwarten.

Die reine Torheit einer Proto-Religion

Theologen unterscheiden die drei theologischen Tugenden von den vier Kardinaltugenden (Klugheit, Gerechtigkeit, Tapferkeit, Mäßigung). Die Kardinaltugenden, abgeleitet vom lateinischen *cardo*, was soviel wie Scharnier bedeutet, sind die Art und Weise, mit all dem umzugehen, was bedingt und konstruiert ist, vier Arten, ein Gefühl für die Vielfalt der weltlichen Erfahrungen zu entwickeln und die Freiräume auszuloten, die sich in der profanen Welt eröffnen.[24] Sie suchen nach dem Mittelweg zwischen zu viel und zu wenig, nach dem, was tatsächlich möglich ist, indem sie versuchen zu erkennen, was die Situation erfordert. Aber wenn die Kardinaltugenden die Tugenden des fest Gebundenen sind, dann müssen diese anderen Tugenden die Tugenden des Ungebundenen sein. Während die Kardinaltugenden das Mögliche suchen, sind die theologischen Tugenden – oder sollen wir sie die radikal-theologischen Tugenden nennen? – auf das Unmögliche ausgerichtet. Wenn die Kardinaltugenden den Mittelweg zwischen zu viel und zu wenig suchen, dann gehen die theologischen Tugenden ins Extrem. Während die Kardinaltugenden Tugenden für ein gesundes und maßvolles Leben sind, sind die theologischen Tugenden leicht verrückt, reine Torheit. Sie üben sich in den Tugenden derer, die im Banne dieses Zaubers sind, die vom Unvorhersehbaren, vom nicht Dekonstruierbaren, vom Unbedingten und Unmöglichen wie besessen sind.

Die theologischen Tugenden sind die Tugenden der Leute, die vom Zauber des Unbedingten, von der Magie des Unmöglichen in Bann gezogen sind. Während die praktische Weisheit (*phronesis*) des Aristoteles sich auf die Fähigkeit bezieht, mit großem Geschick unter den Bedingungen, unter denen wir leben, zu handeln, fügen die theologischen Tugenden immer noch das Elixier, den magischen Hauch, den Sauerteig des Unbedingten hinzu, die Bereitschaft, ein Risiko einzugehen, wo nicht alles bemessen ist, wo es immer einen Hauch von Übermaß, eine beigemengte Prise Verrücktheit und Torheit gibt. Als Maria dem Engel Gabriel erklärt, dass das verrückt ist, dass sie unmöglich schwanger sein kann, weist sie der Engel (dessen überragende engelhafte Intelligenz auch das Vorauswissen um das Kommen von Tillich und Derrida mit einzuschließen scheint), darauf hin, dass beim Unbedingten alles, sogar das Unmögli-

---

24 | Zum besseren Verständnis empfehle ich hier die hervorragende Beschreibung in Josef Pieper, *Über die Tugenden*.

che, möglich ist. Der Begriff Gott war seit unvordenklichen Zeiten immer der Begriff für die Möglichkeit des Unmöglichen. Diese Tugenden bezeichnen wir als die Torheit einer »Proto-Religion«, die es schon vor der Aufteilung in »religiös« und »weltlich« im üblichen Sinne gab, die zu einem religiösen *prius* gehört, das im Innersten – oder besser in den tiefsten Tiefen – unserer Erfahrung liegt. Hier profitieren wir von unserem Wunsch, lieber tiefer zu graben als uns in Höhenflügen zu versuchen, auszuloten, was »darunterliegt«, unsere Sehnsucht nach einer Religion, die tiefer liegt. Diese Art von Religion nennt Tillich das, was uns »unbedingt angeht«, unsere tiefste Betroffenheit, wo wir, so Tillich, vom Sein selbst ergriffen werden. Derrida nennt das »Religion ohne Religion«, womit er eine Art von Religion ohne lange Gewänder meint. Es ist eine Religion ohne ein Höchstes Wesen und ohne engelsgleiche Astronauten, die Jungfrauen hier unten auf Erden göttliche Botschaften überbringen; diese Religion kommt ohne die Ausstaffierung konfessioneller oder historischer Religionen aus, wie z. B. der lutherischen, in der Tillich groß wurde, oder der Synagoge, die Derrida als Kind mit seiner Mutter besuchen musste. Das heißt nicht, dass diese Proto-Religion eine unhistorische, interkulturelle Universalreligion ist. Gott bewahre! Ich behaupte keineswegs, dass wir, wenn wir nur tief genug in den Unterschieden graben, herausfinden, dass alles das Gleiche ist. Wenn wir verschiedene Arten von Teig in denselben Ofen schieben, dann wird dieselbe Hitze unterschiedliche Brotsorten hervorbringen. Indem ich also sage, dass sie alle tief oder grundlegend sind, meine ich, dass sie tiefe oder grundlegende hermeneutische und phänomenologische Strukturen sind, d.h. grundlegend für unsere ganz bestimmte historische Erfahrung; und indem ich sage, dass es Strukturen sind, meine ich, dass es Strukturen des Übermaßes sind und demzufolge destrukturierend wirken, dass sie also die Wirklichkeit erschließen und die Zukunft offenhalten. Sie wurden konstruiert in der und durch die spezifische geschichtliche Existenz derer, die sich in ihr erkennen. Das bedeutet, dass im Kern jeder *homo* mit einer Geschichte wie der »unseren« (da liegt der Haken), ein *homo religiosus* ist. Wenn »wir« (wer?) eine andere Geschichte hätten, würden wir vielleicht überhaupt nicht so reden – über Gott, Religion oder Theologie, über den Messias, die Demokratie usw. Viele Menschen tun das nicht. In der Dekonstruktion sollten Sie jedes Mal sehr wachsam sein – oder sogar den Notausgang suchen, wenn jemand »wir« oder »uns« sagt.

Die profane Welt, die Struktur unserer gewohnten alltäglichen Existenz ist ein Bündel von bedingten und erzeugten Dingen, die alle miteinander das weite Feld des Tatsächlichen bilden. Aber dieses Feld der Tatsachen wird umrahmt von einem Erwartungshorizont, so dass es von einem Ring der Möglichkeiten umgeben ist. Wenn wir um die nächste Ecke biegen, erwarten wir dort die altehrwürdige Bank zu sehen, die dort schon seit Jahren stand, nicht ein Meer von brennendem Schwefel. Wenn wir uns erschöpft in unseren Lieblingssessel sinken lassen, dann erwarten wir, dass er uns trägt. Unser Erwartungshorizont bildet die Begrenzung der Zukunft, die wir mehr oder weniger vorhersehen können, auf die wir uns verlassen und auf die wir uns vorbereiten können. Wir sparen für unser Alter oder die Ausbildung der Kinder, und es wäre unverantwortlich, das nicht zu tun. Nennen wir das die »zukünftige Gegenwart«, d. h. die Zukunft, die voraussichtlich Gegenwart wird.

Aber dann gibt es immer auch die Zukunft, die wir nicht kommen sehen – vielleicht werden wir gar nicht alt, unser Lieblingssessel bricht schließlich doch zusammen, die alte Bank wurde abgerissen, während wir nicht in der Stadt waren – die Zukunft also, auf die wir uns nicht vorbereiten können, die wir die »absolute Zukunft« nennen könnten. Manchmal geschehen Dinge, die unseren Erwartungshorizont erschüttern – im Kleinen wie im Großen, zum Besseren oder zum Schlechteren. Die Zukunft bringt uns Gaben – aber manche Gaben sind auch vergiftet. Manche unvorhersehbaren Veränderungen bedeuten schreckliche Rückschläge im Streben nach Gerechtigkeit, ebenso wie es auch erstaunliche Fortschritte gibt. Es gibt tiefgreifende Verschiebungen in Kunst und Wissenschaft, bahnbrechende Veränderungen, die jeden verunsichert fragen lassen: Ist das überhaupt noch Kunst? Oder Wissenschaft? Wie ist so etwas bloß möglich? Das sind Augenblicke von Verrücktheit, von reiner Torheit.[25] Genau das nennt Derrida *das* Unmögliche, nicht logisch unmöglich (wie p und zugleich nicht-p), sondern phänomenologisch – wie etwas, das wir einfach nicht glauben können. Wenn so etwas in Wissenschaft oder Kunst geschieht, schütteln wir den Kopf und sagen: »Das ist doch Wahnsinn!« Das Unbedingte ist also nicht nur unendlich und infinitivisch, sondern auch unmöglich. Es zerschmettert den Grenz-

---

25 | In Derrida, *The Gift of Death*, 65 zitiert Derrida zustimmend Kierkegaards Überzeugung, dass der Moment der Entscheidung, in dem wir den sicheren Hafen verlassen müssen (in dem wir uns aus der Deckung wagen müssen), ein Moment der Verrücktheit ist.

wall des Möglichen und bringt uns völlig aus der Fassung. Das ist der Gegenstand oder Bezugspunkt einer anderen Art von Verantwortung, in der wir aufgerufen sind, auf den Anruf einer kommenden Zukunft zu antworten, die wir nicht kommen sehen können; uns darauf vorzubereiten, überrascht zu werden, uns darauf vorzubereiten, unvorbereitet zu sein. Wir werden dazu aufgefordert, dem Unbedingten treu zu bleiben, wir werden eindringlich ermahnt, uns ohne Ausflüchte auf das nicht Dekonstruierbare einzulassen, die Möglichkeit des Unmöglichen zu bejahen, die prosaische Gegenwart von der Poesie einer kommenden Welt unterbrechen zu lassen.

Es ist klar, dass Theologie und Religion im üblichen Sinn, oder wie Derrida es ausdrückt das, was »wir« Religion »in christlichem Latein« (oder Theologie in christlichem Griechisch) nennen, konkrete geschichtliche Wirkungen sind. Religion fällt nicht vom Himmel. Sie gehört zum Bereich des konstituierten, bedingten aktuellen Geschehens, nicht zum Bereich des Unbedingten. Religion entsteht aus verschiedenen kulturellen, sozialen, politischen und sprachlichen Denkmustern. Deshalb ist die Forschung der letzten Jahre über die Geschichte der Weltreligionen so wichtig. Religion, und zwar sowohl das Wort als auch die Geschichte, kann man zu einem Forschungsobjekt machen, das betäubt und auf den Operationstisch gelegt wird, wie T.S. Eliot es ausdrückt. Religion ist ein Konstrukt, und zwar ungefähr in dem Sinn, wie Karl Barth einmal sagte: Religion ist das, was wir tun, Offenbarung ist das, was Gott tut (wobei ich nicht glaube, dass der letzte Teil dieser Unterscheidung in diesem Sinne haltbar ist, aber das ist ein anderes Thema)[26]. Indem ich Dekonstruktion im Sinne von Glaube, Hoffnung und Liebe als etwas Tiefergehendes und Elementares beschrieben habe, also geprägt von den Tugenden des Ungebundenen, habe ich von Dekonstruktion in einer Terminologie gesprochen, die durchtränkt ist von religiöser Sprache. Ich behaupte sogar, dass Dekonstruktion wie eine Religion strukturiert ist – wenn auch eine Proto-Religion des nicht Dekonstruierbaren und der Möglichkeit des Unmöglichen. Deshalb kann sie für eine Theologie des Unbedingten überaus hilfreich sein. Diese Strukturen des Unmöglichen durchdringen alles, was wir tun – oder sollten dies zumindest – all unsere Glaubensbekenntnisse und -praktiken, unsere Institutionen und Traditionen. All

26 | Vgl. Caputo, *The Invention of Revelation*.

dem liegt eine Leidenschaft für das Unbedingte zugrunde, eine tiefgehende Bejahung des Unbedingten nicht nur in der Religion, sondern auch in Kunst und Wissenschaft, in Ethik und Politik, und wo diese fehlt, werden all diese Lebensformen leblos und träge, sie würden sich nicht mehr weiterentwickeln und in einer endlosen Wiederkehr des Gleichen steckenbleiben.

Diese Logik – oder besser Para-Logik – des Unmöglichen liegt all unseren Glaubensbekenntnissen und -praktiken einschließlich der Religion selbst zugrunde – oder sollte dies zumindest.

Diese Para-Logik, die scheinbar töricht handelt, ist Gegenstand einer radikaleren Theologie, die das Herzstück der verschiedenen konfessionell geprägten Theologien bildet, die ja meist die Gestalt einer »hohen« oder »starken« Theologie des Höchsten Wesens annehmen. Das bringt uns zu der meines Erachtens radikalsten Behauptung Tillichs, eigentlich sogar der »Grundannahme« der radikalen Theologie, die unter dem Namen dessen läuft, was Tillich einmal »Theologie der Kultur« nannte. Wenn man Tillich fragt, wo Theologie und Religion zu finden seien, was ihr Hauptthema sei, für das sie sich interessieren, so lautet seine Antwort nicht »droben im Himmel«, sondern hier unten in der Kultur. Theologie der Kultur heißt nicht, Theologie als überlegenes und unabhängiges Deutungsmuster *auf* die Kultur anzuwenden, sondern vielmehr, dass Theologie eine Theologie der Kultur *ist*, eine Analyse der Tiefendimension *in* der Kultur, eine Analyse dessen, was unserer Kultur, unserem kulturellen Leben, unserem Glauben und unserer Praxis, ja, uns selbst »zu Grunde liegt«. Dann ist die Kultur nicht säkular, sondern immer schon theologisch. Andererseits könnten wir, da säkular ja im wörtlichen Sinne »Zeitalter« (von lateinisch »*saeculum*«) bedeutet, mit Fug und Recht von einer »säkularen Theologie« sprechen. Damit ist eine Theologie gemeint, die tief im zeitgenössischen kulturellen Leben beheimatet ist, in diesen kulturellen Momenten, in denen die Kultur bis zur Weißglut leidenschaftlich ist, in denen das Unbedingte an radikalen Werken der Kunst, Literatur, Wissenschaft, Politik usw. beteiligt ist.

Zwei Beispiele

Wo ist eine solche Proto-Religion zu finden? Überall! Immer dann, wenn uns nur bleibt, den Kopf zu schütteln und zu sagen: »Das ist doch Wahnsinn!« Eigentlich ist schon die Tatsache, dass Religion als eine *eigene* Sphäre des kulturellen Lebens existiert, als etwas, das einen eigenen Raum einnimmt – in etwa so, wie wenn das Private vom Öffentlichen oder das Religiöse vom Weltlichen getrennt ist – ein Zeichen für unsere Entfremdung, für die Entwurzelung unseres Lebens und für die Art, wie wir das, was in den Tiefen oder im innersten Kern unserer Existenz vor sich geht, abspalten. Ich möchte gleich klarstellen, dass diese Parzellierung oder Zerlegung des Lebens eine typisches Phänomen der »Moderne« ist und dass das Aufbrechen dieser Parzellen für mich die beste Begründung für die Beibehaltung des Begriffs »Post-Moderne« ist, die mir einfällt, auch wenn ich zugebe, dass dieses Wort durch allzu häufigen Gebrauch bis zur Sinnlosigkeit entstellt wurde. Die Para-Logik des Unbedingten, in der die Unmöglichkeit einer Erfahrung sich wandelt in die Erfahrung des Unmöglichen, berührt unmittelbar den Kern des kulturellen Lebens in all seinen Ausprägungen. Wenn Religion eine spezifische Identität hat, wenn sie innerhalb identifizierbarer kultureller Grenzen gekennzeichnet und begrenzt werden kann, dann werden wir von der Religion entfremdet, die sich in dem von Tillich so genannten »Grund unseres Seins« abspielt, oder von dem, was Derrida den »Bereich des Ereignisses« nennt. Denn diese Proto-Religion findet sich überall – innerhalb und außerhalb der Religion, mit und ohne Religion – das ist die von Derrida bevorzugte Formulierung, da er die seltsame Logik des »Ohne«, des »*sans*«, erforscht, die etwas auslöscht oder durchstreicht, dessen Spuren unter dem Ausgelöschten (*sous rasure*) aber noch lesbar sind. Proto-Religion könnte also im Prinzip ohne die konfessionellen religiösen Traditionen, die wir aktuell kennen, weiterleben und überleben. Das Leben verliert nicht seine Tiefe, wenn die Menschen sich von der Religion entfernen. Oft ist es ehrlich gesagt sogar notwendig, das Leben vor der Religion zu schützen.

Um diesen Punkt besser zu verstehen, um zu zeigen, wie solch eine Proto-Religion des Unbedingten aussehen könnte und dass sie überall zu finden ist, möchte ich Ihnen zwei Beispiele nennen, zwei Orte in der Kultur, an denen sich Religion versteckt, wo man überhaupt nicht erwartet hätte, Religion zu finden.

Das erste möchte ich in Anlehnung an den Titel eines der bekanntesten Werke Tillichs als »Mut zum Sein« bezeichnen. Das Beispiel entstammt der vermutlich wahren Geschichte des Streichquartetts, das auf der Titanic weiter musizierte, als sie in den frühen Morgenstunden des 15. April 1912 in den kalten Fluten des Nordatlantik versank. Das war mit Sicherheit das Musterbeispiel eines bemerkenswerten Mutes in einem erkennbar moralischen oder ethischen Sinn. Auf den ersten Blick sieht es daher so aus, als hätte ich hier eine der klassischen Kardinaltugenden ausgewählt, wo ich doch eigentlich eine quasi- oder proto-theologische Tugend darstellen wollte. Es ist völlig richtig, dass diese Musiker einen bemerkenswerten moralischen Mut gezeigt haben, selbstlos und furchtlos. Wer von uns hätte unter denselben Umständen so handeln können? Das erforderte wirklich einen enormen, tiefen Mut. Aber es ist dieses »tief«, die Tiefendimension, das Maßlose, das mich hier interessiert. Warum haben diese vier Menschen das bloß getan? Warum sind sie nicht wie alle anderen herumgerannt, um ihre Haut zu retten und in ein Rettungsboot zu gelangen, vielleicht auch unter Anwendung der Ellenbogen gegen ihre Konkurrenten, da ja nicht genügend Rettungsboote für alle da waren? Wie unglaublich töricht! Waren die denn verrückt? Was haben sie sich bloß gedacht? Sie haben von ihrem Arbeitgeber bestimmt keine Gehaltserhöhung für die Treue zu ihrem Beruf erwartet. Sie haben auch nicht versucht, berühmt zu werden, da sie ja nicht ahnen konnten, dass jemals jemand ihre Geschichte erfahren würde. Wie es das Schicksal wollte, haben sie zwar tatsächlich eine gewisse Unsterblichkeit erlangt – wir erinnern uns noch heute voll Bewunderung an das, was sie getan haben – aber ich wette, dass das das Letzte war, woran sie in dem Moment gedacht haben.

Sie blieben einfach da und spielten mitten in der Katastrophe weiter ihre schöne Musik. Den sicheren und schrecklichen Tod vor Augen bestätigten sie die unbedingte Schönheit und Kraft ihrer Musik – eine Kraft, die nicht die Macht hatte, sie von diesem Schiff zu retten. So bezeugten sie den unbedingten Wert des Lebens im Angesicht des Todes. Wenn sie moralisch selbstlos hätten sein wollen, wäre es dann nicht viel sinnvoller gewesen, ihre Instrumente liegen zu lassen und den Frauen und Kindern in die Rettungsboote zu helfen? Das wäre etwas Praktisches gewesen, was sie hätten tun können, etwas Vernünftiges, nämlich das zu tun, was *möglich* ist, ein Merkmal solider Kardinaltugenden. Stattdessen entschieden sie sich dafür, auf ihrem Posten zu bleiben, so loyal und tapfer wie Soldaten im Angesicht der Gefahr, um das Unmögliche zu tun. Das war verrückt und völlig töricht und es würde auch niemanden retten. Ihre

Musik würde das Schiff nicht über Wasser halten. Jeder Narr hätte ihnen das sagen können. Aber sie sagten jedem, der es hören konnte: Das ist das Leben – jetzt und in Zukunft; um dieser Torheit willen lohnt es sich zu leben. Das meint Tillich mit dem Mut zum Sein, wenn es über und jenseits von einem mutigen ethischen oder moralischen Handeln (oder auch tief darin verborgen) auch so etwas wie einen ontologischen Mut gibt, der sich, so töricht das aus dem Blickwinkel des gesunden Menschenverstands auch sein mag, bedingungslos ergreifen lässt von der machtlosen Macht des Lebens selbst. Das meint Tillich mit Religion, das meine ich mit Proto-Religion des Unbedingten oder mit Torheit Gottes. Aber das hat nichts zu tun mit Religion im engen oder strengen Sinn, auch nicht mit übernatürlichen Wesen, Kirchen, göttlichen Offenbarungen, auferstandenen Leibern, Dogmen und langen Gewändern. Es ist gut möglich – ehrlich gesagt würde das meinem Anliegen sehr entgegenkommen –, dass alle vier Atheisten waren. Das würde nämlich ihre Religiosität noch intensivieren.

Mein zweites Beispiel ist Derrida, der ein kleines Buch mit dem Titel »Circumfession« geschrieben hat, ein fast augustinisches, leicht atheistisches und ziemlich jüdisches Gegenstück zu den Confessiones des Augustinus, das eine Art postmoderner Proto-Bekenntnisse begründet und dessen entscheidendes Ergebnis die Aufhebung der Unterscheidung zwischen Theismus und Atheismus ist.[27] Es ist wichtig, sich bewusst zu machen, dass Derrida, den man zu Recht als Atheisten und weltlichen Philosophen ansehen kann, – zumindest bis in die neunziger Jahre – hier nicht die Gelegenheit ergreift, die Religion in aufklärerischer Manier heftig zu attackieren. Er hat auch nicht nach Art Heideggers aufgezeigt, wie die Philosophie die Theologie »korrigieren« kann.[28] Dekonstruktion ist weder eine überlegene »Korrektur« der Theologie noch ein Überraschungsangriff nach Art der neuen Atheisten. Religion ist zwar durchaus kritikwürdig – was ist das nicht? – und Dekonstruktion hat einige kritische Dinge zur Religion anzumerken – wer hat das nicht? Aber Dekonstruktion ist dennoch keine Religionskritik nach Art von Kant, Marx, Freud oder nach Art der (nicht gar so) neuen Atheisten. Was Derrida wirklich tut: Er begibt sich, auch durch verschiedene Anspielungen, ganz

---

27 | Vgl. Derrida, *Circumfession*. Siehe auch meinen Kommentar zu diesem schwierigen Text in Caputo, *Prayers and Tears*, 281–307.
28 | Vgl. Heidegger, *Phänomenologie und Theologie*.

hinein in die *Confessiones*, nimmt ihren Standpunkt ein, versucht, die Positionen des Augustinus zu übernehmen und die *Confessiones* zu *wiederholen*, sie neu in Szene zu setzen und nachzuspielen. Das ist, wenn ich das so sagen darf, eine klassische postmoderne Attitüde.

Wenn Derrida scherzhaft anmerkt, dass er und Augustinus ja »Landsleute« sind, so bezieht er sich in erster Linie auf einen Zufall der Geburt. Er wurde in Algerien (dem antiken Numidien) geboren, in den Vorstädten von Algier, etwa dreihundert Meilen vom antiken Hippo (dem heutigen Annaba) entfernt, wo Augustinus als Bischof wirkte – bis zu seinem Tod im Jahre 430, genau 1500 Jahre vor Derridas Geburt. Aber er will damit auch sagen, dass er und Augustinus Landsleute im Gebiet des Unbedingten sind, die beide beten und flehen um das »Ereignis«, um die Möglichkeit des Unmöglichen – Augustinus in der vormodernen Welt des antiken (nordafrikanischen) Christentums, Derrida in der postmodernen Welt eines linken, weltlichen jüdischen Pariser Rive-Gauche-Intellektuellen, der eine griechisch-europäische philosophische Tradition geerbt hat. In »Circumfession« werden die Unterschiede zwischen Theismus und Atheismus, Theologie und Philosophie, Glaube und Vernunft, dem Religiösen und dem Weltlichen abgeschwächt und verwischt – und entfallen letztlich ganz. Theismus und Atheismus liegen auf derselben Ebene von gegensätzlichen konfessionellen, bedingten, konstituierten »Glaubensrichtungen«; es gelingt ihnen nicht, weiterzukommen zu einem grundsätzlicheren, gefühlsmäßigen »Glauben« an das Unbedingte, an das oben beschriebene Kommen von etwas, das wir nicht kommen sehen. Es gelingt ihnen nicht, weiterzukommen zur Torheit dieser Proto-Religion.

Der Grund, warum diese Neuinszenierung der *Confessiones* so überraschend ist – mit der ganzen Schockwirkung des unvorhersehbaren Ereignisses – ist die Tatsache, dass die *Confessiones* ein Gebet sind. Sie werden zwar meist als die erste Autobiographie angesehen, was nicht ganz falsch ist, aber wenn man ihr literarisches Genre näher betrachtet, sind sie ein Gebet. Wenn wir die ursprüngliche Szene der *Confessiones* auf die Bühne bringen wollten, würde Augustinus uns den Rücken zuwenden, weil er sich an Gott wendet, an ein »Du« (*tu*), ein Wort, das, wie Peter Brown aufzeigt, in 381 der 453 Kapitel vorkommt.[29] Das heißt, dass wir als Leser

---

29 | Brown, *Introduction* in Augustine *Confessiones*, 23. Ein Kommentar dazu findet sich in Caputo, *Prayers and Tears*, 295.

einen Menschen beim Beten belauschen. Das völlig Überraschende an Derridas »Circumfession« ist daher, dass er die Position des Augustinus einnimmt. Derrida fällt ebenfalls auf die Knie, übernimmt sein Gebet und seinen Glauben, sein Bekenntnis und seinen Gott. Anstelle von Religionskritik erfindet Derrida Augustinus' Religion neu und wiederholt sie. Er setzt unter den Bedingungen der Para-Logik des Unmöglichen das neu in Szene, was in den *Confessiones* des Augustinus vor sich geht, aber eben *ohne* das Gebet und den Gott des konfessionellen Christentums oder des Judentums seiner Kindheit.

Wie kann das sein? Fragen Sie sich selbst: Was ist *Gebet* anderes als das, was Jean-Louis Chrétien das »verwundete Wort« (*parole blessée*) nennt, Seufzer, die aus einem verwundeten Herzen aufsteigen, rastlos auf der Suche nach dem Unbedingten, seufzend und weinend das Kommen des Unbedingten ersehnend?[30] Was ist *Glaube* anderes als unser Glaube an die Andeutungen einer Verheißung , an das Kommen des Unvorhersehbaren, ganz im Gegensatz zu den verschiedenen Formen des »Glaubens«, die in den Glaubensgemeinschaften bewahrt werden? Was ist *Bekenntnis* anderes als das Bekenntnis, dass wir alle ein wenig – oder vielleicht sogar sehr – verloren sind, getrennt oder sogar abgeschnitten (wie bei der Beschneidung) von absolutem Wissen und absoluter Wahrheit, so dass wir im tieferen Sinne nicht wissen, wer wir sind? Wenn wir wirklich in die Tiefe gehen, verlieren wir uns im Nicht-Wissen und wir tasten im Dunkeln umher wie ein Blinder mit seinem Stock.

Die entscheidende Frage aber ist – und das ist unser zentrales dem allen zugrundeliegendes Anliegen, das, was die Theologie im eigentlichen Sinne interessiert: Wie steht es mit Gott? Fragen Sie sich erneut: Was ist *Gott* anderes als die Möglichkeit des Unmöglichen, das Wort für das Ereignis des (Un-)Bedingten, des (nicht) Dekonstruierbaren, des (Un-)Möglichen? Was ist Gott anders als die Torheit des Unmöglichen? Und wie könnte man den Zustand dieses verwundeten Herzens besser beschreiben als mit den Worten des Augustinus: »Unruhig ist unser Herz« (*inquietum est cor nostrum*)? Welche Frage könnte grundsätzlicher sein als die Frage des Augustinus: »Was liebe ich, wenn ich meinen Gott liebe?« (*quid ergo amo cum deum meum amo*).[31] Derrida destabilisiert die relativ stabilen Maßstäbe, die sich in den *Confessiones* und überhaupt in den kon-

---

30 | Chrétien, *Das verwundete Wort*.
31 | Vgl. Augustinus, *Confessiones*, Buch 10, Kapitel 6–7, 176–178.

ventionellen religiösen Traditionen im Allgemeinen finden; er tut dies, indem er die zugrundeliegenden Ereignisse, die in ihnen stattfinden, enthüllt. Was in und unter diesen konventionellen religiösen Begriffen in den *Confessiones* geschieht, wird in »Circumfession« neuinszeniert und neu erfunden, nachgespielt und neu aufgeführt, um neue Effekte zu erzielen, neue religiöse Effekte in Bezug auf das, was ich in mehreren Varianten als Proto-Religion des Unbedingten bezeichnet habe, ein positiver Glaube an das nicht Dekonstruierbare oder an das Unmögliche, eine radikale Theologie oder Theopoesie des Ereignisses, das in und unter dem Namen »Gott(es)« stattfindet.

Die Beziehung zwischen Gott und dem Unbedingten, dem nicht Dekonstruierbaren, dem Unmöglichen müsste jetzt deutlich geworden sein: Der Name »Gott(es)« ist eine Art, wie wir das Unbedingte ins Wort bringen, eine Art, wie das Unbedingte in unserem Leben geschieht. Das Wort »Gott« ist ein bedingter Ausdruck in mehreren natürlichen Sprachen; dieser Ausdruck enthält etwas vom Unbedingten, was er natürlich überhaupt nicht enthalten kann (denn das wäre ja eine Begrenzung). Aber das ist nicht der einzige Weg: Tatsächlich ist dieser Begriff für viele Menschen – mit anderer Denkweise, Kultur, Erziehung, persönlicher Geschichte oder Muttersprache – überhaupt nicht verfügbar. Es kann gut sein, dass sie nie von ihm gehört haben, oder nur als überholte tote Buchstaben oder als etwas unheilbar Abergläubisches und Supranaturalistisches. Vom Standpunkt des Nachdenkens über das Unbedingte her gesehen ist das kein Grund zur Beunruhigung. Es spiegelt nur die verschiedenen Bedingungen wieder, unter denen das Unbedingte in unserem Leben geschieht.

4. Wie lange wird es Religion noch geben?

Wie lange ist zu erwarten, dass Religion, Gott und Theologie noch bestehen werden? Ist Gott tot? Oder ist er vielleicht nur ein Saisonarbeiter, der dazu bestimmt ist, in naher Zukunft abzudanken? Ich werfe diese Frage auf, um die Diskussion auf die Spitze zu treiben. Ich habe ja die Tiefendimension der Religion beleuchtet und zugleich durch die Unterscheidung zwischen Bedingtem und Unbedingtem, zwischen konfessionellen religiösen Traditionen und dem, was ich eine Art »Proto-Religion des Unbedingten« nenne, Zweifel an einem »Gott in der Höhe« gesät. Deshalb möchte ich, um meine Argumentation nochmals auf andere Weise zu verdeutlichen, die Frage aufwerfen, ob Religion und Theologie im postmodernen Zeitalter und allen weiteren »post-« nach der Postmoderne überleben können. Wie wir diese Frage beantworten, hängt von den eben genannten Unterscheidungen ab.

Die Priester haben immer eine Frohe Botschaft

Ehrlich gesagt haben konfessionelle Traditionen und ihr Höchstes Wesen bisher eine bemerkenswerte Überlebensfähigkeit bewiesen. Jedes Mal, wenn der Tod Gottes verkündet wird, geschieht etwas Seltsames auf dem Weg zur Bestattung. Jedes Mal, wenn Religion am Tatort auf der Bühne für tot erklärt wird, lebt sie wieder auf und trägt ihre Bestatter zu Grabe. Selbst wenn Sie der Ansicht sind, dass die Auferstehung von den Toten ein großer Hokuspokus ist, müssen Sie zugeben, dass es Religion, Gott und Theologie immer wieder schaffen, von den Toten wieder aufzuerstehen, so sehr sie auch für tot erklärt wurden. Der französische Psychoanalytiker Jacques Lacan (1901–1981) glaubt zu wissen warum. Egal wie düster die Zukunftsaussichten sind, egal wie blutig, schrecklich und ungerecht die Vergangenheit auch sein mag, egal wie mörderisch die Welt sich entwickelt, die Priester haben eine Antwort. Sie können immer wieder eine »große Erklärung« liefern und alles mit der Vorsehung erklären, einem langfristigen und allumfassenden göttlichen Plan; zugleich betonen sie natürlich, dass wir hier unten die Wege Gottes im Himmel

nur schemenhaft wie durch einen Spiegel erkennen können. Dafür sind sie ausgebildet – und das können sie fabelhaft.[32]
Die Priester haben immer eine Frohe Botschaft, während auf der anderen Seite die Psychoanalyse die Dumme ist, weil sie uns die schlechte Nachricht beibringen muss, dass es diesen »großen Anderen« (alias Gott) gar nicht gibt. Lacan erklärt uns, dass unterhalb der in dieser Welt sinnstiftenden Realität, die wir in Bildern (dem Imaginären) und in Logik und Sprache (dem Symbolischen) *konstruiert* haben – bitte beachten Sie, dass das, was Lacan »Realität« nennt, sich ziemlich stark mit dem überschneidet, was der Dekonstruktivismus als Konstrukt und Tillich als das Bedingte bezeichnet – die unbewohnbare Welt des unerträglich Realen liegt, in der es diesen »Großen Anderen« nicht gibt. In Hinblick auf die Religion sagt Lacan mit seinem üblichen Sarkasmus, dass die Psychoanalyse immer verlieren wird, während die von den Priestern erzählte tröstliche Story immer gewinnt. Lacan ist der Ansicht, dass Religion und der Gott der Religion so lange existieren werden, wie wir der Zukunft mit Angst und Sorge entgegensehen, und das heißt für ihn für immer. Ich finde seine Voraussage zwar zynisch, aber dennoch nicht ganz falsch. Genauso wie es immer sich anbiedernde Politiker und windige Gebrauchtwagenhändler geben wird, wird es auch immer den trostspendenden Gott geben und religiöse Hochstapler und Schwindler, eine Religion, die auf alles eine Antwort hat, den Gott derer, die das Unbedingte reduzieren auf ein Höchstes Wesen, ein nahezu blasphemisches und mythologisches »Großes Wesen im Himmel«. Die Aufklärung hat uns herausgefordert zu denken, aber es wird immer eine Religion und einen Gott für diejenigen geben, die diese Herausforderung nicht annehmen wollen.
Aber gibt es auch gute Gründe dafür, dass Religion oder Gott oder, um es genauer zu sagen, *das, was unter dem Namen Gott(es) geschieht*, weiterleben sollte? Könnte es eine Religion geben, die es wert ist, Bestand zu haben – und die nichts mit *Gewinnen* zu tun hat? Könnte es eine Religion ohne die Religion und ohne den Gott der Religion geben, den Lacan so in der Luft zerreißt? Könnte es nicht eine Proto-Religion geben, von der wir hoffen und beten, dass sie Bestand haben wird oder haben sollte, selbst auf die Gefahr hin zu verlieren? Könnte es eine Religion geben, die »des

---

32 | Lacan, *Der Triumph der Religion welchem vorausgeht der Diskurs an die Katholiken*, 70.

Ereignisses würdig ist, das ihr widerfahren ist?«[33] Was für ein Ereignis? Die Verheißung, der unbedingte Anruf der Zukunft. Könnte es anstelle des Krypto-Calvinismus eines Lacan, der unsere totale Verderbtheit beklagt, und eines Slavoj Zizek (1949–)[34], der den unheilbaren Mangel in unserer Existenz beklagt, nicht eine Psychoanalyse der Hoffnung auf das Ereignis geben? Entsprechend dem proto-protestantischen und leicht jüdischen Prinzip der Dekonstruktion können sich das Unbedingte (das eingebettet ist in das Bedingte) und das Unbegrenzte (das eingebettet ist in das Begrenzte) niemals in irgendeiner bedingten oder begrenzten Antwort auf etwas erschöpfen, das doch zu etwas Unbedingten aufruft. Das heißt, dass das, was *in* Religion enthalten ist, niemals *durch* die Religion kontrolliert werden kann, durch die verschiedenen Spielarten dessen, was wir »in christlichem Latein« Religion nennen. Die vielfältigen historischen konfessionell geprägten Religionen sind nur so und so viele bedingte und bedingende Antworten, so viele Konstrukte, so viele Versionen dessen, was Hegel eine *Vorstellung* nennt, eine Art greifbare Darstellung oder Abbildung von etwas Unbedingtem, die alle als Antwort auf den Ruf des Unbedingten entstanden sind. Ob also die konfessionellen Religionen nun tatsächlich Bestand haben oder nicht – das Unbedingte ist der Anteil in ihnen, der es wert wäre, *dass* sie Bestand haben. Sie können sich nur dann selbst dieses Ereignisses und des Überlebens als würdig erweisen, wenn sie nicht das Ereignis verhindern, sondern sich im Innersten aufrütteln oder von innen heraus von der proto-religiösen Bejahung des Unbedingten, von der Para-Logik des Unmöglichen, das durch sie Hand und Fuß bekommt, erschüttern lassen.

Allgemeiner ausgedrückt ist Gott, der Name Gottes, nur einer unserer Namen für das Unbedingte, für das Ereignis des Unmöglichen, weil das, was der Begriff des Unbedingten beinhaltet, nicht durch den Begriff »Gott« unter Kontrolle gebracht werden kann. Der Hauptgegenstand der Theologie, das, was die Theologie im wirklichen und eigentlichen Sinn interessiert, ist nicht Gott, sondern das Unbedingte – und einer seiner Namen ist Gott, der ein Symbol oder ein Bild für das Unbedingte ist. Das

---

33 | Ich zitiere hier eine Formulierung von Gilles Deleuze (1925–95), einer der Koryphäen der 68er, aus Deleuze, *Logik des Sinns*, 186 sowie 187.
34 | Zizek, ein englisch schreibender Slowene, ist wohl der populärste Philosoph der westlichen Welt und sicherlich ihr vielseitigster; er ist ein führender Kulturtheoretiker, der die Werke von Hegel und Lacan heranzieht, um – sagen wir es so – einfach alles zu analysieren.

Unbedingte kann auch unter anderen Namen stattfinden. Der Name Gottes ist einer seiner Namen, aber nicht der einzige.

Das heißt nicht, dass wir die konfessionellen Theologien nicht ernstnehmen oder einfach beiseite wischen können. Das Unbedingte hätte keine großen Folgen, wenn es sich nicht immer und immer wieder unter ganz besonderen und bestimmten Bedingungen ereignen würde. Als Religion ohne Religion müsste diese Proto-Religion des Unbedingten ja schließlich ohne Hauptquartier im Vatikan oder in Nashville auskommen, ohne Ältestenrat, Kirchen, Gebetbücher und Kerzen – und, was vielleicht am wichtigsten ist, ohne wöchentliche Spenden! Da das Unbedingte keinen Ort hat, wohin es sein Haupt betten könnte, versorgen die konfessionellen Gemeinschaften die Insistenz des unbedingten Rufes mit Existenz – oder so sollte es zumindest sein. Zum Dank für diesen Gefallen schreckt die Proto-Religion die konfessionellen Gemeinschaften auf und stört sie, indem sie diese mitten in der Nacht aus dem Schlaf hochfahren lässt (wie den alten Scrooge) und sie daran erinnert, dass sie nicht wissen, zu wem sie beten, ja noch nicht einmal, ob da überhaupt jemand ist, zu dem sie beten – und dass ihre konfessionelle Antwort auf den Ruf nur eine von vielen möglichen Antworten auf einen Ruf unklarer Herkunft ist. Dieses Zusammenspiel, diese durchlässige gegenseitige Durchdringung beider Seiten – konfessioneller und radikaler Theologie, der Religion und der Proto-Religion, des Bedingten und des Unbedingten – führt zu einer Destabilisierung, einer Dekonstruktion der konfessionellen Theologien durch die insistierende Stimme einer unheimlichen geisterhaften Gestalt, durch einen verblüffenden unbedingten Ruf, der uns aufruft zur Verrücktheit und Torheit des Ereignisses. Oder so sollte es sein; das ist das beste Argument für ihr Überleben. Die Zukunft der konfessionellen Traditionen ist eng verbunden mit der Bereitschaft, sich der absoluten Zukunft, dem Unvorhersehbaren auszusetzen, sich von der Insistenz des unbedingten Rufes in Frage stellen zu lassen. Ohne diese Bereitschaft werden sie sich niemals bei den wagemutigen Denkern wiederfinden und nur unter den beklagenswerten Bedingungen gedeihen, die Lacan so sarkastisch beschreibt. Sie werden überleben und weiterleben, aber ohne jede Lebendigkeit, als eine von vielen Arten, das Ereignis zu verhindern.

Ist die Religion es wert, Bestand zu haben?
Deshalb sollte die Frage, ob die Religion Bestand haben wird, umformuliert werden: Ist die Religion es *wert*, Bestand zu haben? Ich wage zu behaupten, dass die Proto-Religion des Unbedingten, die ich beschrieben habe, eine Religion ist, die es wert ist, eine Zukunft zu haben – und zwar gerade deshalb, weil die Zukunft ihr Hauptgegenstand ist. Das hat zu tun mit der Dynamik unseres Seins, mit der Tatsache, dass wir in den unbedingten Ruf der Zukunft hineingeschleudert – sozusagen katapultiert werden. Es hat zu tun mit der Zukunftsorientierung oder dem »auf-Zukunft-hin-Sein« menschlicher Erfahrung, mit der Struktur unserer Erfahrung als Wesen der Zeit und Wesen in der Zeit. Diesen Pulsschlag können wir auch in der Religion im engeren Sinne finden; und wenn nicht, so sollte es doch so sein. Aber selbst wenn es so ist, kann das nicht auf sie beschränkt bleiben. Dieser Impuls ist auch überall in der Kultur zu finden; und wenn es nicht so ist, so sollte es doch so sein, entsprechend Tillichs Theologie der Kultur. Hinter diese Para-Logik des Unmöglichen, die Bejahung des Unbedingten, das im innersten Kern unserer Erfahrung liegt, kann man meines Erachtens nicht zurückgehen. Eine ganze Reihe konservativer konfessioneller Traditionen, vielleicht sogar die meisten, tun alles, um diese Erkenntnis möglichst kleinzuhalten, das Ereignis zu verhindern und so die Rechtgläubigkeit zu schützen, während viele radikale, aufgeschlossen einladende Gemeinschaften alles tun, um diese Erkenntnis zu erhalten und so das Unbedingte zu schützen. So oder so, mit oder ohne das, was im üblichen Sinn als Religion bezeichnet wird, kann ich *in* Zukunft eine Theologie *der* Zukunft erkennen, eine Theologie der Hoffnung[35], eine »Theologie im Kommen« und eine Generation kommender Theologen, die eine Proto-Religion der unbedingten Verheißung schaffen könnten. Das ist eine Art, zum Kommen dessen, was wir nicht kommen sehen, zu sagen, ja sogar zu beten: »Komm!« – und das ist ganz schön riskant.
Der Tod des »Gottes in der Höhe« und der mächtigen Theologie ist eine gute Nachricht. Aber wenn der Begriff »Gott« die Bezeichnung für das Unbedingte ist, dann ist der Tod *dieses* Gottes eine schlechte Nachricht. Der Tod des »Gottes ohne Gott« geschieht nur auf Kosten der Zukünftigkeit der Erfahrung selbst, dies würde das Ereignis verhindern.

---

35 | Ich plädiere für die Hoffnung in Caputo, *Hoping Against Hope*.

Ich behaupte nicht, dass das nicht passieren könnte. Natürlich könnte es das. Das würde mit dem Sieg des Programmierbaren, des Vorhersehbaren geschehen, was ja die alte Diskussion ist, für die sich als erstes die Post-Strukturalisten ins Zeug gelegt haben. Diese Diskussion lebt heute auf verhängnisvolle Weise neu auf unter dem oft gebrauchten Begriff eines »Post-Humanismus«, der selbst ein seltsam theologisch anmutendes Verlangen nach Unsterblichkeit hat, ein Verlangen danach, nur wenig geringer als die Engel zu sein – bis zu dem Punkt, diesen Unterschied ganz zu überwinden. Wird der Post-Humanismus eine neue posthumanistische Zukunft eröffnen oder wird er dazu führen, dass alles im Voraus in unseren genetischen Codes, unseren Computer-Codes und wer weiß was noch programmiert, niedergeschrieben und vorgeschrieben wird? Wird Derridas offene Grammatologie sich einer universellen Programmatologie beugen? Wenn dem so wäre, würde alles, was an jeder Verheißung hoffnungsvoll und was an jeder Bedrohung gefährlich ist, wegprogrammiert werden. Jeder Glaube, jede Hoffnung und jede Liebe würden aus dem Drehbuch der Menschheit gestrichen. Das wäre das Ende der Religion im radikalsten Sinne, den ich mir vorstellen kann. Und wo steht geschrieben, dass das nicht geschehen könnte?

Da so viel auf dem Spiel steht, bleibt uns nichts als ein Gebet, wir hängen sozusagen am seidenen Faden eines Gebets. Beten wir wie verrückt um die Religion, um die Theologie, um Gott! Beten wir um eine »Theologie-im-Kommen«, ein »Reich-Gottes-im-Kommen«, ein Reich des endlosen offenen Endes, ein Reich, das sich ohne Ende der Möglichkeit des Unmöglichen aussetzt. Wenn wir alte Griechen wären, würden wir genau hier dem Unbedingten einen Tempel bauen. Da das nicht so ist, lasst uns ein Gebet um das Kommen dieses Reiches sprechen, ein Gebet, das die vorletzte Zeile des Neuen Testaments aufgreift und das Gebet »Komm, Herr Jesus!« am Ende des Buches der Offenbarung wiederholt. Ja, wir wollen sogar ein noch verloreneres und verwundeteres Wort aussprechen, indem wir für das Kommen des Ereignisses beten, ein »*viens, oui, viens*, komm, ja, ja, komm!« – ich widerhole: »Ja, komm, Amen, Hallelujah, komm!« Und zugleich kreuzen wir die Finger hinter dem Rücken, denn es braucht schon ein gewisses Maß an Verrücktheit, an göttlicher Torheit, um das Kommen von etwas zu erbitten, was wir nicht kommen sehen können.

5. Ein Lob auf die Schwachheit

Bisher habe ich so argumentiert, dass, da ja das Interesse der Theologie nicht Gott in der Höhe, sondern das Unbedingte ist, den Interessen der Theologie am besten gedient ist, wenn sie nicht so hoch und mächtig daherkommt, wenn sie einen großen Bogen um das macht, was Tillich die nahezu blasphemische und mythologische Vorstellung eines himmlischen Wesens nennt, und wenn sie stattdessen versucht, das Reich Gottes in uns zu finden, »unten« in den Tiefen unseres und Gottes Seins. Ich möchte mich jetzt der Schwachheit zuwenden und für die Schwachheit Partei ergreifen, womit ich sowohl die Schwachheit Gottes als auch die schwache Theologie meine, die diesen Gott ins Wort bringt, das, was unter dem Namen Gott(es) geschieht. Ich gebe mich erst zufrieden, wenn der hohe und allmächtige Gott und die ihm zugesellte Theologie auf die richtige Größe zurechtgestutzt sind.

Im Interesse der Transparenz möchte ich vorab sagen, dass ich keineswegs gegen jegliche Ausübung von Stärke bin. Ich mache mich nicht zum Anwalt einer Schwachheit in jedem Sinne des Wortes, etwa in der Art, dass wir ein blutleeres, entscheidungsschwaches Leben ohne Stehvermögen führen sollen. Das, was ich mit Schwachheit meine, erfordert beträchtlichen Mut, wie wir gerade an der Erörterung des von Tillich so genannten »Muts zum Sein« gesehen haben. Die Art und Weise, wie ich dieses Wort gebrauche, hat mehrere Quellen, die es sehr kunstvoll und mit einer meiner Ansicht nach der Theologie gewogenen Ausrichtung verwenden. Ich möchte daran erinnern, dass das Ganze eine Art glücklicher Verrücktheit, eine Einübung in die Treue zur Torheit Gottes ist, in der wir nach einer tieferen Art von Weisheit tasten.

Schwachheit im Denken

Ich wende mich zuerst der »Schwachheit im Denken« (*pensiero debole*) zu, mit der der zeitgenössische italienische Philosoph Gianni Vattimo (1936–) das kritisiert, was ich als die hohen und mächtigen Tendenzen in Theologie und Philosophie bezeichne.[36] Während nämlich die klassische Metaphysik damit protzt, die grundlegenden Strukturen der Realität, die

---

36 | Eine schöne Darstellung von Vattimos theologischer Sichtweise findet sich in Vattimo, *Jenseits des Christentums*.

eigentliche Natur des objektiven Seins darlegen zu können, nehmen die Anwälte der Schwachheit im Denken deutlich vorsichtiger nur für sich in Anspruch, Interpretationen zu bieten. Während die klassische Erkenntnistheorie die »Methoden« darlegt, wie man Sicherheit erlangt und Vertreter anderer Meinungen zum Schweigen bringt, befürworten wir auf der schwachen Seite eher einen ergebnisoffenen »Austausch«, der hilft, bei Themen voranzukommen, die beide Seiten als komplex einschätzen. Neigt die klassische Ethik eher zu einem »entweder – oder«, schwarz oder weiß, zu einer Geisteshaltung des »friss oder stirb«, so sind wir »schwachen Denker« der Auffassung, dass Aristoteles' Idee einer flexiblen Einsicht in die Eigenheiten jeder einzelnen Situation weiter führt; wir sparen uns deshalb die starren, unnachgiebigen universellen Prinzipien für die Mathematik auf. Während die klassische politische Theorie autoritäre und totalitäre Prinzipien verkündet, wie z. B. die klassenlose Gesellschaft oder das Ideal der Volksgemeinschaft, meinen wir eher, dass sich chaotischere und demokratischere Prozesse in lokalen, nationalen und internationalen Gemeinschaften von selbst regeln.

Auf jeden Fall sind »starke« Prinzipien immer ausschließlich; deshalb sollte man zulassen, dass sie sich in schwächere und ergebnisoffenere Prinzipien abschwächen. Das passt gut zu unserem protestantisch-jüdischen Prinzip, dass nichts Bedingtes, d. h. nichts real Existierendes und Faktisches, sich jemals der Illusion hingeben sollte, dem Unbedingten Paroli bieten und ein ebenbürtiger Gegner sein zu können. Schwachheit im Denken ist für Vattimo zusammengefasst in dem Wort Hermeneutik, der Theorie der Interpretation in der Tradition von Heidegger und Hans-Georg Gadamer (1900–2002), während Richard Rorty (1931–2007), der zeitweise Vattimos amerikanischer Austauschpartner war, das gleiche »Non-Fundamentalismus« nennt. Wie auch immer man es nennen mag: Schwachheit im Denken ist der Versuch, einen geschickten Verhandlungsweg zwischen den Extremen zu finden, die sich in einer unversöhnlichen Polarisierung zwischen Absolutheitsanspruch und Relativismus bekriegen. Immer wenn die Hohen und Mächtigen lauthals ihre absoluten Wahrheiten verkünden, rennen wir schwachen Denker schnellstens zum Ausgang, weil wir lieber viel sanfter von Interpretationen sprechen, und zwar ganz einfach deshalb, weil etwas Absolutes immer nur die Ansicht, was das Absolute ist, von irgendjemandem an irgendeinem Ort zu irgendeiner Zeit widerspiegelt. All diese sogenannten Absolutheiten folgen immer einem sehr durchschaubaren Denkmuster: Sie sind immer sehr bedingte Konstrukte, die versuchen, sich als etwas auszugeben, das vom Himmel gefallen ist. Auf die gleiche Weise kann man bei allen universellen Prinzipien bei näherem Hinsehen feststellen, dass sie eher nur begrenzt und punktuell gültig sind. Der rechte Flügel verfällt jetzt in Panik und meint, dass Schwachheit im Denken zu Relativismus und einer »Alles-ist-erlaubt-Gewalttätigkeit« führt; das wäre ein sehr amüsanter Einwand, wenn Gewalt nicht so eine ernste Angelegenheit wäre. Schließlich war das Problem an Hitler und Stalin ja bestimmt nicht ihr Relativismus. Die tatsächliche Faktenlage zeigt vielmehr, dass die schlimmste Gewalttätigkeit nicht aus der Hermeneutik entsteht, sondern aus der Ablehnung von Hermeneutik, wenn nämlich jemand die eigenen Bedingtheiten verwechselt mit dem Unbedingten; denn das läuft ziemlich oft darauf hinaus, dass jemand sich selbst mit Gott verwechselt, was Schwachheit im Denken zu verhindern sucht, weil es sich dabei um eine sehr gefährliche Illusion handelt.

Als junger Mann war Vattimo ein frommer Katholik, der täglich die Messe besuchte und die Sakramente empfing – ein frommer, aber schwuler, glühender, aber progressiver gemäßigt linker Katholik. Das brachte ihm verständlicherweise ziemlich viel Ärger mit der römischen Kirche ein. In seinen späteren Werken können wir in gewissem Sinne eine Rückkehr zu seinem Katholizismus beobachten, allerdings eine Rückkehr, die eine eher postmoderne und sehr viel radikalere Wendung nahm. Er widmet sich in diesen Werken einer »Schwächung« Gottes, die vom paulinischen Begriff der *kenosis* ausgeht, in der der hohe und allmächtige Gott der starken Theologie sich restlos in die Welt hinein entleert. Dass der transzendente, allmächtige Gott sich in die Welt hinein »abschwächt«, geht eindeutig auf Hegel und auf den mittelalterlichen italienischen Mystiker und Theologen Joachim von Fiore (1135–1202) zurück, den Vattimo sehr schätzt. Dessen philosophische Theologie liegt auch den theologischen »Gott-ist-tot-Ansätzen« der Sechziger Jahre zugrunde, an die Vattimos späteres Denken sehr stark anknüpft. Der Tod des hohen und mächtigen Gottes ist die Geburt Gottes in die Welt hinein, deren demokratischer Sinn für Freiheit und Gleichheit das göttliche Leben heute verkörpert. Wo ist Gott? Gott hat sein Zelt mitten in der Welt aufgeschlagen, in den Tiefen dieser Welt, in den Künsten und Wissenschaften, im ethischen und politischen Leben, also überall dort, wo

Welt daran arbeitet, das Reich Gottes zu verwirklichen und den Namen »Gott(es)« im Sakrament der Welt wahr werden zu lassen. Die sogenannte säkulare Welt ist die Verwirklichung des Reiches Gottes, nicht etwa seine Auslöschung; das kommt dem, was Tillich mit seiner »Theologie der Kultur« meint, sehr nahe, oder auch dem, was manchmal als »säkulare Theologie« bezeichnet wird, d. h. eine Theologie des *saeculum*, also unseres Zeitalters.

Ein schwacher Messianismus

Die entscheidende Quelle meiner Anwaltschaft für das Wort »schwach« ist Derrida, bei dem eigentlich meine ganze Idee von der schwachen Theologie ihren Anfang genommen hat. Derrida analysiert das, was er »das Unbedingte ohne Souveränität« nennt, etwas, das einen unbedingten Anspruch auf uns erhebt, aber ohne die souveräne Macht, diesen zu untermauern; etwas, das uns bindet, aber ohne die Macht, uns tatsächlich zu halten. Wenn man an der alten Ethymologie der Religion als »Rück-Bindung« festhalten möchte, dann wäre diese Religion eine Art von Bindung ohne die Macht, uns mit der starken Kraft einer tatsächlichen weltlichen Macht zu binden. Das ist der Grund, warum Derrida das Unbedingte auch als »schwache Kraft« beschreibt.[37] Die Universität ist z. B. etwas Unbedingtes – das unbedingte, unbegrenzte, nicht verhandelbare Recht, jede Frage zu stellen; aber die Universität als solche, wenn es so etwas gibt, hat keinerlei Souveränität. Sie muss gegen all die Mächte der real existierenden Welt anrennen, die ihr gegenüber die Oberhand haben, die Mächte der Regierung, der Kirche, der freien Marktwirtschaft und von Sponsoren, die mehr Interesse an Basketball als an der Bibliothek haben; sie alle versuchen, sowohl die Fragen, die die Universität aufwirft, als auch v. a. die Antworten, die sie liefert, zu überwachen.[38] 1989 hielt Derrida eine berühmte Vorlesung an der Cardozo Law School in New York; in dieser Vorlesung griff er Pascals Unterscheidung zwischen der »Gesetzeskraft« und dem Ruf nach Gerechtigkeit auf.[39] Es ist ja das Gesetz, das alle Macht hat – die Institutionen, die Gerichte, die Polizei, das Militär, die Gefängnisse – während Gerechtigkeit nur ein »Ruf«

---

37 | Derrida, *Schurken*, xiv.
38 | Derrida, *Die unbedingte Universität*.
39 | Vgl. Derrida, *Gesetzeskraft*, 8–18.

ist, dessen Stimme immer sanft und leise ist. Ihr Ruf ist sicherlich unbedingt, unbegrenzt und nicht verhandelbar, aber für sich genommen fehlt diesem Ruf der lange, starke Arm des Gesetzes. Das Gesetz ist das, was existiert, was tatsächlich wirksam und real ist, während Gerechtigkeit nicht existiert, sondern insistiert, wie ich es gern ausdrücke. Gerechtigkeit ist nicht so sehr eine Realität als vielmehr ein Ruf, ein Klang, ein Aufruf zu etwas, das noch Wirklichkeit werden muss. Gerechtigkeit ohne Gesetz ist machtlos; Gesetz ohne Gerechtigkeit ist ein Tyrann. Daraus zieht Pascal den Schluss, dass wir, wenn wir schon nicht die Gerechtigkeit (einen Ruf) stark (d. h. zu einem existierenden Seienden) machen können, wir das, was stark ist (das Gesetz), gerecht machen müssen. Wir müssen danach streben, gerechte Gesetze zu machen, damit der Ruf der Gerechtigkeit sich im Gesetz verwirklicht. Aber jedes derartige existierende (positive) Gesetz ist ein Konstrukt, muss also aufhebbar und anfechtbar, d. h. dekonstruierbar sein, andernfalls wird es zu einem Ungeheuer. Aber der Klang der »Gerechtigkeit als solcher, wenn es das gibt« (was nicht der Fall ist), ist nicht dekonstruierbar. Die Gerechtigkeit ruft uns immer, klingt an, appelliert an uns, ist immer erst »im Kommen«. Gerechtigkeit ist wie ein kommender Messias, der nie wirklich auftaucht, solange wir in Zeit und Geschichte leben, solange es eine Zukunft gibt – und wann sollte das nicht mehr so sein? Der messianische Ruf nach Gerechtigkeit ist ein Anspruch an die Gegenwart, er stört und unterbricht sie, schreckt sie auf und geistert in ihr herum, lockt und destabilisiert sie mit der unerfüllten Hoffnung auf Gerechtigkeit auch für die Geringsten unter uns.

Aber wenn die Gegenwart durch den Ruf aus der Zukunft aufgestört und destabilisiert wird, so wird sie ebenso sehr aufgerüttelt durch das Drängen der Vergangenheit, durch das, was in Erinnerung gerufen sein will. Das führt uns zur anderen Seite des Messianismus, die im Werk Walter Benjamins (1892–1940) zu finden ist, eines brillanten Denkers mit besonderem Interesse an jüdischer Mystik. Er hat einen wichtigen Beitrag zur Theorie der Postmoderne auf verschiedenen Ebenen geleistet und spricht von einer »schwache[n] messianische[n] Kraft.«[40] Benjamin setzt an dem Punkt an, an dem Derrida den bildhaften Ausdruck der Schwachheit aufgegriffen hat. Mit »schwachem Messianismus« meint

---

40 | Benjamin, *Geschichte*, 17. Dieser kleine Aufsatz ist sehr berühmt und war sehr einflussreich, die Lektüre lohnt sich.

Benjamin, dass wir selbst, nicht auf einen (starken) Messias zu warten brauchen, der uns aus der Patsche hilft, sondern selbst das messianische Zeitalter *sind*. *Wir* sind diejenigen, die die ganze Zeit schon erwartet wurden – von den Toten. *Wir* sind in der Position des Messias, indem wir das Unrecht wiedergutmachen, das ihnen angetan wurde. Aber unsere messianischen Kräfte sind schwach. Wir können die Toten nicht wieder zum Leben erwecken. Wir können die Vergangenheit nicht mehr ändern und können ihnen nicht ein Leben zurückgeben, in dem sie kein Unrecht erlitten haben oder dafür entschädigt worden sind. Wir können uns bestenfalls an sie erinnern, ihr Andenken bewahren, sie beweinen mit einer unmöglichen Trauer, indem wir heute die ungerechten Bedingungen in Ordnung bringen, unter denen sie damals gelitten haben, indem wir, wie Abraham Lincoln es ausdrückte, dafür sorgen, dass ihr Tod nicht umsonst war. Im unbedingten Ruf nach Gerechtigkeit klingt nicht nur die Verheißung einer zukünftigen Gerechtigkeit an, sondern auch der Nachhall der vergangenen Verheißung, auch wenn das wie eine sehr verrückte Hoffnung anmutet. Die Gegenwart wird nicht nur von denen in Frage gestellt, die noch kommen (*les arrivants*), sondern auch von denen, die »zurückgekehrt« sind (*les revenants*), die zurückgekommen sind, um bei uns herumzugeistern; beides sind geisterhafte Gestalten, beiden fehlt selbstverständlich die körperhafte Kraft, aber ganz gewiss gehen sie uns dadurch nicht weniger auf die Nerven, vielleicht sogar noch mehr.

Die Schwachheit Gottes

Das bringt mich zu meiner dritten Quelle, mit der wir begonnen haben. Es ist diejenige, die aus der Sicht der hohen und mächtigen Theologie, mit der ich mich auseinandersetze, die höchste Autorität besitzt – der Heilige Paulus. In 1 Kor 1,18–31 legt Paulus die Logik der Schwachheit Gottes dar, die er der Macht dieser Welt vorzieht, und die Logik der Torheit Gottes, die er dem vorzieht, was die Welt Weisheit nennt. Das sind meines Erachtens die Prüfsteine einer Theologie, die auch Jesus anerkennen würde:
»Aber Gott hat Menschen auserwählt, die die Welt für Narren hält, um die Anmaßung derer zu entlarven, die meinen, alles zu wissen. Und Gott

hat Menschen auserwählt, die die Welt für schwach hält, um die Mächtigen zu entlarven.« 1 Kor 1,27

Paulus teilt uns ja mit, dass er Jesus nie im Fleische gesehen hat, aber das hindert ihn nicht daran, in beeindruckender Weise genau das zu erfassen, was Jesus unter dem Begriff »Reich Gottes« gepredigt hat; Paulus nennt das die Logik des Kreuzes. Die Logik oder das Herrschaftsprinzip des Gottesreichs ist das Kreuz. Das müssen wir im Hinterkopf behalten, wenn wir als Abschluss dieser Betrachtungen auf die Frage zurückkommen, was Gott im Reich Gottes eigentlich bedeutet (Kapitel 9–10). Dieser Gebrauch des Wortes »logos« muss den Philosophen (der Elite) in Korinth schwer im Magen gelegen haben, denn für sie war das Kreuz sowohl der Gegenstand als auch das Sinnbild von Torheit, Schwachheit, Tod, Niederlage und totaler Erniedrigung. Paulus hält dagegen, dass Gott die Torheit des Kreuzes benutzt, um die Weisheit der Philosophen zu beschämen, und dass Gott die Nichtse und Niemande (*ta me onta*) dieser Welt gebraucht, um die bestehenden Mächte in Frage zu stellen. Paulus muss bewusst gewesen sein, dass seine Verwendung der Begriffe »das Sein« (to on), logos und Weisheit die Philosophen zur Weißglut bringen würde. Er sagt, dass die Torheit Gottes weiser ist als menschliche Weisheit und dass die Schwachheit Gottes stärker ist als menschliche Stärke. Gott, der Name »Gott(es)«, das was in und unter diesem Namen geschieht, ist Gottes Solidarität mit den »Niemanden«, nicht den »hohen Tieren«, mit den Nichtsen, nicht den angesehenen Leuten, mit den Niedriggeborenen, nicht den Hochwohlgeborenen, mit der Schwäche, nicht der Stärke, mit der Torheit, nicht der Weisheit.

So sehr ich nun diesen Text mag, liegt es mir doch fern zu versuchen, die starken Theologen mit der Autorität des Apostels unter Druck zu setzen. In der radikalen Theologie ist die Autorität des Heiligen Paulus eine gewaltlose Autorität, ohne die Macht des Gesetzes, ohne eine *tatsächliche* irdische Macht, die von einer Ideologie biblischer Irrtumslosigkeit oder päpstlicher Unfehlbarkeit mit Energie versorgt und gestützt würde. Es gibt verschiedene Versionen von »Paulus« – und es gibt auf Erden keine Polizei, die irgendeine bestimmte Version dessen, was Paulus sagt, durchsetzt.[41] Und ebensowenig gibt es in der radikalen Theologie ein himmlisches Wesen, das einem ins Ohr flüstert, wessen Sprachrohr Pau-

---

41 | Das ist der wesentliche Teil der Argumentation in Dewey, et.al., *The Authentic Letters of Paul*.

lus denn ist, so dass er ebenso seiner himmlischen Macht beraubt ist. Mein Paulus spricht für sich selbst – und das tut er in der Regel wirklich hervorragend – wenn auch zugleich immer nur als Antwort auf das, was ihn anruft. Paulus sowohl seiner irdischen als auch seiner himmlischen Macht zu berauben ist die einzige Bedingung, unter der sich etwas Unbedingtes ereignen könnte, wenn Paulus sich auf die Schwachheit beruft. Andernfalls wäre Paulus auf die autoritäre Einstellung der »langen Gewänder« reduziert.

Auch wenn ich Paulus liebe, sehe ich mich doch manchmal gezwungen, ihm zu widersprechen. Für manche Menschen bedeutet das, dass ich dem Untergang geweiht bin, während es für mich nur heißt, dass ich nicht der Partei der verderblichen mythologischen und nahezu blasphemischen Götzen biblischer Irrtumslosigkeit und kirchlicher Unfehlbarkeit angehöre. Zum Beispiel irrte sich Paulus offensichtlich mit der Erwartung des unmittelbar bevorstehenden Anbruchs des Gottesreiches. Was ich als »schwache Theologie« anbieten kann, könnte man als ein systematisches Durchdenken der paulinischen Version der Schwachheit Gottes bezeichnen, ein radikales Durchdenken bis ganz nach unten. Paulus geht mit seinem Gedanken der Torheit und Schwachheit sehr weit, aber nicht weit genug, weil er meines Erachtens das, was er in 1 Kor 1 sagt, in 1 Kor 2 weitgehend wieder zurücknimmt. Diejenigen, die reif und wohlvertraut mit Gottes Wegen sind (*teleiois*, 1 Kor 2,6) kennen das Geheimnis, das den irdischen Machthabern verborgen bleibt. Diejenigen, die *pneuma* haben, wissen, dass Gottes Macht sich erweisen wird und dass die Feinde Gottes am Ende sowohl ausgetrickst als auch bestraft werden. Wenn Paulus von Schwachheit und Torheit spricht, hat er immer noch ein Ass im Ärmel. Er fügt sie ein in einen Heilsplan, in dem der gegenwärtige schwache und niedriggeborene Zustand der Kirche in Korinth ins Gegenteil verkehrt und Gott in all seiner apokalyptischen Macht triumphieren wird. Wie es der Neutestamentler Dale Martin ausdrückt: »Letztendlich will Paulus der menschlichen Macht nicht Schwachheit, sondern göttliche Macht entgegensetzen (2,5) – das heißt, eine Macht, die jenem anderen Königreich angehört.«[42] Die Machthaber dieser Welt, die Jesus gekreuzigt haben, werden schon noch die Quittung dafür bekommen. Sie werden nichts erreichen, und hätten sie es besser

---

42 | Martin, *The Corinthian Body*, 62.

gewusst, hätten sie ihn nie und nimmer gekreuzigt. Die Weisheit und Macht Gottes werden die sogenannte Weisheit der Mächte und Gewalten schon überwältigen. Paulus schreckt ja nie vor einem Kampf zurück. Kurz gesagt: Entweder man geht mit dem gekreuzigten Christus des Paulus an Bord – oder man wird in der Hölle braten. Woher er das weiß? Er hatte (in oben genannter Angelegenheit) eine Offenbarung, eine sehr »starke Vision«, er hat es gesehen, es wurde ihm in keineswegs unklaren Worten in seiner persönlichen Vision mitgeteilt. Das heißt: Die schwache Theologie, die im ersten Kapitel des 1. Korintherbriefs entfaltet wird, wirft im zweiten Kapitel erkennbar Dividende ab. Schwachheit ist nur eine Vorbereitung auf die finale Inszenierung einer extrem starken Theologie – wenn der Gott Abrahams alles in allem sein wird, zuerst den Juden, dann auch den (Heiden-) Völkern. Aber wehe denen, die nicht an irgendeiner Haltestelle zusteigen. Paulus sieht die Schwachheit und Torheit Gottes nicht als etwas an, das sich selbst genügt, als etwas Unbedingtes, das ohne Macht für sich selbst spricht, sondern als Einleitung des kommenden Triumphs eines sehr starken Gottes, der sich anschickt, sein Reich auf Erden zu errichten und dabei weltliche Weisheit locker in den Sack steckt. Paulus hat apokalyptische Macht als Ass in seinem apostolischen Ärmel. Wenn Gott sein Reich auf Erden errichtet – und Paulus war fälschlicherweise davon überzeugt, dass dies bald geschehen würde – dann wird daran nichts mehr schwach oder töricht sein.

Schwachheit bis ganz unten

Die Schwachheit und Torheit Gottes bis ganz unten durchzudenken, würde dementsprechend beinhalten, der Versuchung zu widerstehen, sie in einen Heilsplan langfristiger Stärke und Weisheit einzuordnen. Es würde bedeuten, der Schwachheit zu vertrauen, ohne darauf zu spekulieren, dass sie sich langfristig in tatsächlicher Macht (sei sie nun irdisch oder himmlisch) auszahlen wird, wenn die Schwachen endlich den Zünder auslösen dürfen, um ihre und Gottes Feinde, die in der Regel so ziemlich die gleichen sind, niederzuwerfen. Es würde damit beginnen, uns von dem hohen und mächtigen Gott der starken Theologie zu befreien, der verspricht, uns unsere Feinde als Schemel unter die Füße zu legen (Psalm 110,1); und zu begreifen, dass der Name Gottes der Name einer schwachen Kraft ist, eines Anrufs, vergleichbar dem der Gerechtigkeit, der unbedingt, aber ohne jede hoheitliche Macht ist. Wie würde sich das anfühlen? Es wäre wie Vergebung, die ja im Lichte der Weisheit der Welt eine Torheit ist, eine schwache Kraft, deren Macht darin liegt, auf Macht, auf Rache zu verzichten – also keine »Schemel unter den Füßen«! Dies könnte man auch die Macht der Machtlosigkeit nennen. Die Macht der Vergebung ist die völlig entwaffnende Macht, auf ein erlittenes Unrecht nicht mit Vergeltung, sondern eben mit Vergebung zu reagieren. Ist das etwa nicht verrückt und töricht?

Ich liebe Dostojewskis »Legende vom Großinquisitor« aus verschiedenen Gründen, aber eines der Dinge, die mir daran am besten gefällt, ist der Schluss. Der Herr Kardinal Großinquisitor hält eine lange und ziemlich interessante Rede. Sie enthält einige wirklich interessante Punkte, denen wir schwachen Theologen zustimmen würden. Er macht darin eindeutig klar, dass er in dieser Situation alle Macht besitzt, da er Macht hat über Leben oder Tod Jesu – und eine größere Macht gibt es ja nicht. Nachdem Seine Eminenz ihre Rede beendet hat, schlägt Jesus den Mann nicht etwa mit einem Wimpernschlag tot; er befiehlt auch seinen Engeln nicht, den Leib Seiner Eminenz aus dem Fenster zu schleudern und auf der darunterliegenden Plaza zu zerschmettern. Genau mit dieser Art von Fantasien nährt und amüsiert sich die starke Theologie. Für starke Theologen besteht die Größe Jesu in dieser Szene in seiner Selbstbeherrschung, wie im Kino bei dem starken, stillen Typ, von dem das ganz Publikum weiß, dass er seinen Feind jederzeit plattmachen könnte, wenn er wollte, der aber stattdessen entscheidet, dass er das nicht will. Daraus schloss Nietzsche, dass das Christentum eine »Sklavenmoral« sei, hervorgebracht aus dem Hass auf alles Mächtige. Stattdessen geht Jesus einfach nur zum Kardinal und gibt ihm einen Kuss. Das entwaffnet den großen Mann vollständig – er sagt Jesus, er solle gehen und nie mehr zurückkehren. Das ist eine fantastische Quintessenz der Schwachheit Gottes und der Art, wie die Dinge im Reich Gottes gehandhabt werden: nicht mit dem Schwert, sondern mit einem Kuss. Leider vergisst die Kirche, die sich selbst allzu oft mit dem Reich Gottes verwechselt, so als sei *sie* die vollkommene Gesellschaft, dies mit alarmierender Regelmäßigkeit.

Besonders interessant finde ich, wie stringent ein sogenannter »weltlicher« Philosoph wie Derrida die Paradoxien und die Verrücktheit einer ganzen Reihe von meines Erachtens für das Reich Gottes konstitutiven »Unbedingtheiten« erforscht hat, wie z. B. Vergebung und Gastfreundschaft. Bedingungslose Vergebung heißt Vergebung *ohne* die üblichen Bedingungen, die die starke Theologie ihr immer auferlegt hat – dass der Sünder Reue bekundet, Wiedergutmachung leistet, Buße tut und verspricht, nicht mehr zu sündigen. Eine solche bedingungslose Vergebung wäre doch schon ein wenig verrückt, total töricht, oder? Vielleicht ebenso töricht und verrückt wie seinen Mördern zu vergeben, seine Feinde zu lieben und Hass mit Liebe zu erwidern. Der Härtetest dafür war für Derrida tief in der eigenen Lebenserfahrung verwurzelt, nämlich in der Frage, ob Juden den Nazis vergeben können – eine Frage, die für ihn durch das Werk des jüdischen Philosphen Vladimir Jankélevitch aufgeworfen wurde, der die Shoah als »unentschuldbar« bezeichnete.[43]

Die alte biblische Tugend der Gastfreundschaft stellt ein weiteres, ebenfalls sehr jüdisches Beispiel dar. Da Derrida zeitlebens Emigrant war, der immer »anderswo« willkommen geheißen wurde, wie er es ausdrückte, hatte er ein sehr von der Diaspora geprägtes, zerrissenes, entwurzeltes Lebensgefühl. Er betonte das Paradox bedingungsloser Gastfreundschaft, die den Fremden ohne Bedingungen willkommen heißt – was natürlich äußerst riskant ist. Sollte ich wirklich auf ein beharrliches, unerwartetes Klopfen an meiner Tür mitten in der Nacht reagieren? Ist das nicht total verrückt? Sollte ich nicht im Voraus Kriterien und Bedingungen festlegen, ehe ich so etwas tue? Wäre es nicht möglich, dass das kein Durchreisender ist, der dringend Hilfe braucht, sondern jemand, der gekommen ist, um mir etwas Böses anzutun? Diese Zwiespältigkeit steckt in dem Wort *hostis* für den Fremden, denn das kann auch »feindselig« (*hostile*) bedeuten – wenn es nicht ein Besucher ist, der dringend einen *host* – einen Gastgeber – braucht. Diesen Zwiespalt versucht Derrida einzufangen, indem er die Wortschöpfung »hosti-pitality« prägt.[44] Gastfreundschaft bedeutet, den anderen willkommen zu heißen. Aber normalerweise bedeutet es doch, denen Gastfreundschaft zu gewähren, die wir eingeladen haben, verbunden mit der Bitte, sich diskret zu verhalten und diese Einladung anderen gegenüber, die wir nicht eingeladen haben, doch bitte nicht zu erwähnen. Deshalb bedeutet Gastfreundschaft perverser Weise für gewöhnlich, die immer Gleichen willkommen zu heißen und alle anderen auszuschließen. Derrida unterscheidet zwischen einer

---

43 | Vgl. Derrida, *Cosmopolitanism and Forgiveness*. Anlass dieses Textes war eine Debatte in Frankreich darüber, ob es eine Verjährungsfrist für Verbrechen gegen die Menschlichkeit geben sollte.
44 | Als Ergänzung zu *Cosmopolitanism and Forgiveness* vgl. auch Derrida, *Gastfreundschaft*.

Einladung, bei der wir im Voraus die Bedingungen eines Besuchs festlegen, und einer »Heimsuchung«, bei der jemand, den wir nicht eingeladen haben, auftaucht und an unsere Tür klopft, was einen unbedingten Anruf darstellt. Diese bedingungslose Gastfreundschaft erinnert, ähnlich wie bedingungslose Vergebung, viel mehr an die herrschaftslose Herrschaft im Reich Gottes, die in den Gleichnissen und Aussprüchen Jesu dargestellt wird und die der Welt als reine Torheit erscheint.

Um zum Schluss zu kommen: Das »Reich Gottes« beruht auf der Schwachheit Gottes. Die Herrschaft Gottes ist die Herrschaft einer schwachen Macht, nicht ein *imperium* oder eine *basileia* im üblichen Sinn. Die Schwachheit Gottes ist genau diese Herrschaft solcher unbedingten Anrufe wie Vergebung und Gastfreundschaft – und sie ist reines Geschenk. Gott, das *ens supremum*, das himmlische Wesen, schwächt sich ab in das Reich Gottes, und ebenso schwächt sich das Reich Gottes in die Welt hinein ab, in eine Art des »In-der-Welt-Seins«, eine Seinsweise, von der ich glaube, dass genau das konkret in der Inkarnation geschieht. Gott, der Name Gottes, das, was sich im Namen »Gott(es)« ereignet, drückt das aus, was sich im Reich Gottes ereignet, in der herrschaftslosen Herrschaft, durch die die wunderbaren Werke des Reiches vollbracht werden. Durch das Unmögliche geschieht alles. Ich hoffe, es wird allen klar, dass das Reich Gottes nicht nur kein *ens supremum* braucht, sondern dass es sogar alles kaputt machen würde, wenn so ein Gott jemals aufkreuzte. Diesem Thema werde ich mich im Abschlusskapitel dieses Buches widmen (Kapitel 10).

6. Das Sein des Höchsten Wesens abschwächen

In der schwachen oder radikalen Theologie, in einer Theologie des Unbedingten, ist der religiöse Begriff von Gott als einem höchsten Wesen, als einem machtvoll Handelnden, der wundersame Taten vollbringt, das, was Hegel eine *Vorstellung* nennt: eine Bildergeschichte, ein Narrativ, eine Art Gedicht, allerdings nicht nur ein Gedicht, da es doch mehr als ein Kunstwerk ist, sondern eine tiefgründigere Geschichte über den Sinn unseres Lebens, wie eine Ansichtskarte eines Gottesbilds. Während nun diese Ansichtskarte für die Frommen durchaus ihren Zweck erfüllt, ist auch festzuhalten, dass, solange ihre Bildhaftigkeit nicht erkannt wird, die klassische Theologie exakt in dem Maße, in dem sie das nicht erkennt, genau zu der mythologischen und nahezu blasphemischen Kreation wird, die Tillich kritisiert. Daher ist es für Hegel an der Zeit, »Gott in der Höhe« zurechtzustutzen – entsprechend unserer Kritik an diesem »in der Höhe« – und es dadurch der Macht des allmächtigen Gottes zu ermöglichen, sich zu etwas Sanfterem abzuschwächen, zu dem wir eine freundschaftlichere Beziehung aufbauen können. Dadurch würde das Bombastische eines hohen und mächtigen Gottes zu etwas Freundlicherem abgemildert, zu etwas, das im ureigensten Interesse der Theologie läge, eine Abmilderung, die mit dem eigentlichen Interesse der Theologie übereinstimmt.

Das stellt uns vor die Aufgabe, Gott von dieser Allianz von Macht, Kraft und Sein zu befreien, die die Theologie vergiftet hat, diese Allianz, die Kierkegaard als »geschminkte« Theologie bezeichnete, die vollständig gepudert und herausgeputzt am Fenster sitzt und darauf wartet, dass die Mächtigen dieser Welt sie besuchen kommen.[45] Gäbe es denn eine andere Möglichkeit, diese Aufgabe zu erfüllen, als Gott sich abschwächen zu lassen zu etwas Sanfterem und Leiserem und so das umzusetzen, was für einen theologisch gesinnten Atheismus, einen Atheismus, der die eigentlichen Interessen der Theologie im Sinn hat, die »richtige religiöse und theologische Antwort« auf das Höchste Wesen darstellen würde? Das ist genau die Aufgabe, die ich einer »schwachen« Theologie zuschreibe: die Schwächung dieses »Höchsten Wesens«, wobei ich mir bewusst bin, dass das kein Kinderspiel ist. Schwächung zu was eigentlich?

---

45 | Vgl. Kierkegaard, Gesammelte Werke III. *Furcht und Zittern*, 30.

Zu etwas, das weder eine Sache noch ein Wesen ist, sondern, um eine kluge Formulierung des jüdischen Philosophen Emmanuel Levinas zu gebrauchen, »anderweitig als Sein«[46], d. h. nicht ein Wesen, aber auch nicht einfach Nichts. Was Paulus die Schwachheit Gottes nannte, steht auf der Seite der Nichtse und Niemande, aber es ist keineswegs einfach nichts! Aber was ist es dann? Genau das ist die Aufgabe, der ich mich verschrieben habe: das weiterzuführen, was Martin Heidegger unter dem Begriff »Überwindung der Metaphysik« begonnen hat. Für meine Ausführungen hier bedeutet das, dass man die Körnchen der Metaphysik herausfiltert, die in die Theologie eingedrungen sind, um so zur gelebten Erfahrung zurückzufinden, die durch die Metaphysik verschleiert wurde. Zwei Schritte sind hier notwendig, der erste in Bezug auf Tillich, der zweite in Bezug auf die mystische Theologie. In beiden findet man metaphysische Impulse, die ursprünglich aus dem deutschen Idealismus bzw. Neuplatonismus stammen. Was danach übrigbleibt, ist das Unbedingte ohne die Macht und Präsenz und ohne das Prestige des Seins, also genau das, was ich in Übereinstimmung mit Paulus die Torheit Gottes nenne.

Den Seinsgrund abschwächen

Bisher war Tillichs Ansatz unser Leitfaden und Ausgangspunkt. Tillich ist bestrebt, das nahezu blasphemische und mythologische Gehabe der Orthodoxie zu vermeiden, das den Seinsgrund überhöht und diesen vorpersonalen Grund zu einem Vollbringer machtvoller Taten personifiziert. Sein Atheismus mag für die Frommen skandalös und für die Theologen reine Torheit sein – eine bittere Pille, die die Theologie da schlucken soll, aber wie das bei »strenger Liebe« so ist, meint er es nur gut mit Gott. Tillichs ganzes Bestreben zielt darauf ab, die Unendlichkeit Gottes als das zu schützen, worin wir endlichen Wesen leben, uns bewegen und sind – ein Bibelzitat, das er, so möchte ich wetten, täglich wiederholte. Aber so sehr ich Tillich schätze, hier muss ich mich von Tillichs Gott verabschieden und meinen ursprünglichen Ausgangspunkt verlassen. Denn wenn Tillich vom Seinsgrund spricht, so spricht er immer noch von der Macht Gott, wenn auch in anderer Weise, indem er Gottes Macht von einer transzendenten Wesenheit auf eine allem zugrundeliegenden

---

46 | Levinas, *Jenseits des Seins oder anders als Sein geschieht*. Dieses Buch ist außerordentlich herausfordernd. Ein guter Anfang für die Lektüre Levinas ist *Totalität und Unendlichkeit*.

Kraft verlagert. Das ist für eine schwache Theologie eine viel zu starke Formulierung und eine viel zu stimmgewaltiger Anspruch für unsere zarten Ohren. Auch wenn sich das hart anhört: In der schwachen Theologie liegt es im tiefsten Interesse Gottes, ihm auch seine Rolle als Seinsgrund zu nehmen, sozusagen dem *ta me onta* (dem »Nicht-Seienden«) einen Treueeid zu schwören, der bis ganz unten – bis auf den Grund – durchgehalten wird, und nach etwas »Anderweitigem« als dem Seinsgrund oder dem Sein an sich zu suchen. Tillich und Derrida stimmen darin überein, dass die Dekonstruktion der Theologie auch beinhaltet aufzuzeigen, dass die relativ stabilen (also bedingten) Interpretationen, die in der Theologie im Umlauf sind, zugleich relativ unstabil (also dekonstruierbar) sind. Wenn Tillich dann aber fortfährt, dass diese relativ unstabilen Interpretationen auf einem tieferen, stabilisierenden Grund ruhen – wobei er mit »Grund« hier einen relativ festen Halt meint – dann halten wir uns die Ohren zu.

Was er mit »Tiefe« meint, ist etwas Festeres, und was er mit »Grund« meint, ist ein starkes, zwar indirektes, aber dennoch reales Fundament. In der Sprache der Dekonstruktion heißt das, wenn auch auf einer tieferen Ebene, auf eine Philosophie der »Präsenz« zurückzugreifen, d. h. eine Philosophie der Einheit, Stabilität und Bedeutsamkeit. Präsenz aber ist *ousia*, Sein als zugrundeliegende Realität, die alle wechselnden Erscheinungsformen überdauert. All das soll Metaphysik nicht ersetzen, die ja gerade nach Grundlagen sucht, sondern nur ihre Ankunft verzögern; sie taucht dann einfach an einer der nächsten Haltestellen am Weg auf, in der Tiefe des Seins, in dem, was unbedingt angeht, im letzten Grund allen Seins. Das lässt uns aber nicht den relativ unstabilen Charakter aller Dinge bis ganz unten »auf den Grund« durchhalten; das nämlich würde eher auf einen »grund-losen Grund« hinauslaufen. Genau das ist das Störende an dem Begriff »Grund«, den die Dekonstruktion einführt, die ja die Vorläufigkeit aller Konstrukte unterstreichen will, auch des Konstrukts eines letzten Halts für alles Vorläufige. In diesem Sinn müssten wir nicht nur das Bild der Höhe, sondern auch das Bild der Tiefe aufgeben, wenn diese Tiefe als Grund und nicht mehr als Abgrund verstanden wird.

Aus dem Blickwinkel der Dekonstruktion greift Tillich auf ein unterstützendes System zurück, ein tieferliegendes Fundament, das er von Hegel und Schelling (1775–1854, einem Zeitgenossen und Rivalen Hegels) geerbt hat, aufgrund dessen kontingente (bedingte, konstruierte) Dinge eine tiefere Bedeutung und einen klarer umrissenen Sinn erhalten. Wenn es unser ständiger Anspruch ist, dass es im tiefsten Interesse der Theologie liegt, das Höchste Wesen, den hohen und mächtigen Gott zu vermeiden und den Kelch der Schwachheit und Torheit Gottes bis auf den Grund zu leeren, dann liegt es ebenfalls in unserem Interesse, auch den nächsten Schritt zu gehen und eine Neuauflage der Hoch-und-Mächtig-Diskussion im Reich der Tiefe zu vermeiden. Tillichs Grundgedanke, die Dynamik der Höhe durch Tiefe zu ersetzen, ist revolutionär, aber es ist unzulässig, dass dann die Tiefe die Funktionen übernimmt, die vorher von der Höhe ausgefüllt wurden, denn sonst würde der vorher als hoch und mächtig bekannte Gott wieder auftauchen – nur dass er diesmal in das Gewand des »Seinsgrundes« gekleidet ist. Meiner Ansicht nach tut Tillich genau das allzu oft. Das Sein, die Macht und Gewalt Gottes feiert bei Tillich fröhliche Urständ in Form eines elementareren, tieferliegenden Grundes: Gott als Macht des Seins, als die Tiefe des Seins selbst.[47] So sehr ich die Tiefen von Tillichs »Tiefendimension« schätze – ich glaube, sie hat ihren Zweck für uns erfüllt und wir brauchen jetzt eine Alternative: Ich schlage dafür das »Ereignis« vor.

Meines Erachtens gibt es eine nur schlecht kaschierte Allianz zwischen Tillich und der alten metaphysischen Theologie des Hohen und Mächtigen. So revolutionär er auch ist – ich versuche wirklich nach Kräften, nicht undankbar zu sein und den Vater der radikalen Theologie nicht umzubringen – Tillich tritt ein für eine Verlagerung von einer Metaphysik der Macht in der Höhe zu einer Metaphysik der Macht in der Tiefe. Letztendlich ist Tillichs Theologie dann doch eine metaphysische Theologie, nicht theistischer, sondern post-theistischer Natur; es geht ihm nicht um Theismus, sondern um Panentheismus; nicht um das Höchste Wesen, sondern um den Seinsgrund. Tillichs tiefsitzende Ontozentrik und Christozentrik arbeitet sozusagen ein Stockwerk unter den Büros der klassischen Theologie im Obergeschoss. Das hat zur Folge, dass alle Attribute, die Gott in den klassischen und eher neuplatonischen Abhandlungen über die Namen Gottes in der orthodoxen Theologie zuge-

---

47 | Es gäbe einen Weg Tillich zu radikalisieren, indem man die Begrifflichkeiten Schellings mitdenkt, der Gott sowohl als Grund als auch als Abgrund beschreibt, folglich als einen, der eine dunkle Seite hat, die Gott aber im Gegensatz zu uns im Griff hat. Eine ausführlichere Betrachtung Tillichs würde prüfen müssen, inwieweit er diese Seite Schellings übernommen hat, der ja Tillichs Ausgangspunkt war. Vgl. Russel Re Manning, ed., *Retrieving the Radical Tillich*.

schrieben werden, bei Tillich wieder auftauchen und zu einer panentheistischen oder prozessualen Metaphysik führen. Auf diese Weise verlagert sich die göttliche Vorsehung hin zur Bedeutung der Geschichte, die Ewigkeit Gottes hin zur immerwährenden Unerschöpflichkeit der Zeit. Das ist übrigens genau das, was »immerwährend« in der Heiligen Schrift bedeutete, bevor ihre Auslegung der griechischen Metaphysik zum Opfer fiel. Deshalb ist die radikale Theologie ja auch eine teilweise De-Hellenisierung Gottes und eine Rückbesinnung auf das Jüdisch-Sein Gottes.

Die mystische Theologie zum Verstummen bringen

Die Marschrichtung der schwachen Theologie auf dem Weg zur Befreiung Gottes vom Sein ist es also zu sagen: Gott ist kein Sein, aber Gott ist auch nicht der Grund oder das Wesen allen Seins. Aber – und das ist der nächste Schritt: Gott ist ebenso wenig ein »Über-Wesen«, das *hyperousios* der mystischen Theologie. Negative Theologie ist für die schwache Theologie sozusagen die verbotene Frucht, denn ein Großteil der schwachen Theologie hört sich genau so an: zurückzunehmen, was man über Gott sagt, ein Reden von Gott zu entthronen, das allzu protzig daherkommt. Aber beißen Sie da nicht zu schnell an: So sehr ich die mystische Theologie liebe, so sehr ich von ihr abhänge, so oft ich sie zitiere, an einem entscheidenden Punkt – entscheidender geht es gar nicht – trennen sich die Wege von mystischer und schwacher Theologie: Der Gott der mystischen Theologie ist abwechselnd sowohl der Allerhöchste als auch der Allertiefste. Wenn wir also von Gott in der Höhe sprechen, wird die mystische Theologie das sofort verneinen und sagen, dass Gott höher ist als alle Höhen; und wenn wir von den Tiefen Gottes sprechen, wird mystische Theologie auch das verneinen und sagen, dass die Gottheit Gottes tiefer ist als alle Tiefen. Sie hat verschiedene, samt und sonders brillante Weisen, das auszudrücken: Gott ist Sein in einer höheren Weise, *eminentiore modo*; oder wie Meister Eckart es in seinen lateinischen Werken ausdrückt: Gott ist die *puritas essendi*, was sowohl die Reinheit vom Sein als auch die Reinheit des Seins bedeuten kann – Sein in seiner reinsten Form, jenseits und ohne alles Sein. Es gibt ja so viele einfallsreiche und innovative Arten, das überragende Hyper-Wesen Gottes zu preisen und zu schützen und eine Aura absoluten Respekts um die Erhabenheit oder Tiefe Gottes zu schaffen und das Gesagte im selben Moment im Namen des Gottes, der alles Sagbare überschreitet, zurückzunehmen. Aber all dieses Zurücknehmen, all diese Verneinung ist doxologisch, d. h. sie ist als Lobpreis zu verstehen – auf den Gott in der Höhe, als den Gott jenseits allen Seins oder die Gottheit jenseits Gottes oder Gott am Grunde allen Seins – und damit als eine Weise, unser Reden von Gott ultimativ zu konzentrieren und von seiner Orientierungslosigkeit zu befreien. An diesem Punkt ist Schweigen Lobpreis – *silentium tibi laus*. Wenn wir allerdings in der Theologie des Unbedingten vom Grundlosen sprechen, dann preisen wir gar nichts, und wenn wir schweigen, dann liegt das gerade daran, dass wir radikal orientierungslos sind und nicht wissen, wohin wir uns wenden sollen, und nicht etwa, weil in uns das Geheimnis eines Überwesens widerhallt.

Es ist mir wichtig zu betonen, dass die mystische Theologie nicht die Rede der Metaphysik vom Hohen und Mächtigen übernimmt. Sie ist nicht in ihrem *Wie*, sondern in ihrem *Was* metaphysisch. Sie ist nicht metaphysisch in der Art, wie sie redet, denn sie widersetzt sich ja allen Versuchen, Begriffen oder Vorstellungen von Gott zu bilden oder Argumente für die Existenz eines *hyperousios* vorzulegen. Aber sie präsentiert uns eine Art von Hyper-Metaphysik in der *Substanz*, in dem, *worüber* sie redet, nämlich dem Gott jenseits Gottes, zu dem sie betet. Die mystische Theologie behauptet nicht, dass wir nicht so weit gehen können wie die Metaphysik, sondern dass wir uns mit der Metaphysik nicht zufriedengeben können, weil Metaphysik an Gott nicht heranreicht. Damit folgt sie aber nicht der Linie der Abschwächung: Sie sagt nicht, dass Gott nicht bis an das Sein heranreicht; sie verfolgt vielmehr die Linie der Erhabenheit und Stärke, dass das Sein nicht an Gott heranreicht.[48] Sie sucht einen Weg, Gott vor einer rein metaphysischen und objektivierenden Betrachtungsweise zu beschützen.

Deshalb liegt unter aller Verneinung fast immer irgendeine Art von riesengroßem Neuplatonismus (besonders in der christlichen Tradition); dieser war ja die grundlegende philosophische Denkschule sowohl der griechischen wie der lateinischen Kirchenväter und fand seinen Höhepunkt beim Heiligen Augustinus, der in der Folgezeit die gesamte Theologie beeinflusste. Dieser Neuplatonismus schleppt also das ganze metaphysische Gepäck mit – der Eine und die Vielen, der Ewige und das

---

48 | Das ist die These von Marion, *Gott ohne Sein*. Marion ist meiner Meinung nach der führende katholische Philosoph unserer Zeit.

Zeitliche, das Vernünftige und das, was über aller Vernunft liegt, Körper und Seele, Sein (*ousia*) und das, was über alles Sein hinausgeht (*hyperousia*). Da ist dann das Gute jenseits allen Seins, weil das Sein nur die erste Wirkung des unsagbar Guten ist, ein bildhafter Ausdruck, der auf das mittelalterliche *Liber de causis* und letztlich auf Platos *Republik* zurückgeht. Das hat die biblische Botschaft entstellt und dazu beigetragen, die klassische (starke) Theologie zu (ver)-formen. Dies ist einer der Gründe, warum wir eine Reformation brauchten, um Jesus wieder auf Augenhöhe mit der griechischen Metaphysik zu bringen. Die mystische Theologie lässt das Höchste Wesen im Gewand des »Über-Wesens« durch die Hintertür der negativen Theologie wieder herein.

In dieser Hinsicht ist mystische Theologie keineswegs verrückt – und damit nicht die Art von göttlicher Torheit, nach der wir streben. Wenn wir aber der Frage der mystischen Theologie genauer nachgehen würden, würden wir in einem nächsten Schritt aufzeigen, dass sie noch eine andere Stimme hat, sozusagen einen Moll-Akkord, in dem sie sich in einem radikaleren, von jedem Halt losgelösten Sinn dem Abgrund stellt, der darin besteht, auf den eigenen tiefen und tragenden Grund zu verzichten. Dem genauer nachzugehen, das Wagnis eines solchen Abgrunds einzugehen, käme der Torheit Gottes, die uns vorschwebt, schon ziemlich nahe. Aber das ist eine andere Geschichte.[49]

Insgesamt liegt dem Seinsgrund bei Tillich die Metaphysik des deutschen Idealismus zugrunde, während der mystischen Theologie die Metaphysik des Neuplatonismus zugrunde liegt. In dieser Hinsicht sind beide Philosophien des Seins oder »Über-Seins«, nicht der Torheit Gottes. Beide nehmen die Unbedingtheit des Unbedingten zurück und haben sich gänzlich von der Botschaft des kommenden Gottesreiches entfremdet, das »Jeshua«, so sein aramäischer Name, der den mit unendlich viel Ballast beschwerten Namen Jesus verfremdet, verkündet hat.

---

49 | Derrida beschreibt die verschiedenen Stimmen der mystischen Theologie in Derrida, *Wie nicht sprechen*.

7. Eine Theologie des Vielleicht

Die Befreiung Gott von den Gesetzmäßigkeiten des Seins, so möchte ich gleich anmerken, bedeutet zugleich, ihn von der allzu einfachen Behauptung des Nicht-Seins zu befreien, denn diese gehört zur selben Kategorie. Diese Behauptung kommt oft in Gestalt einer vollmundigen Erklärung daher, dass Gott eine Illusion sei. Dies geschieht zum Beispiel in der Psychoanalyse, in der die Vorstellung, dass Gott die Lösung unserer Probleme sei, als eindeutiger Beweis gegen Gott verstanden wird. Es kann aber auch in der Art einer Widerlegung der Existenz Gottes geschehen wie bei den sogenannten »neuen Atheisten«, die der Ansicht sind, es sei wissenschaftlich erwiesen, dass Gott definitiv nicht existiert. Aber jeder derartige Beweis oder Gegenbeweis als solcher ist zu stark, zu anmaßend, ist eine allzu hohe und mächtige Art und Weise, von Gott zu sprechen. Ich möchte hier nicht einen negativen ontologischen Gottesbeweis vorlegen, dass allein schon die Idee Gottes keinen Sinn macht und ein solches Wesen unmöglich existieren kann. Ich versuche nicht, die Existenz Gottes zu widerlegen. Ich versuche nur das, was im Namen Gott geschieht, erneut zu durchdenken, auf andere Weise und auf einer anderen Sprachebene, nämlich auf der, zu der die Torheit Gottes gehört. Ich sage nicht ein für alle Mal, dass es keinen Gott, kein Höchstes Wesen gibt. Ich sage nur, dass ich mit dem französischen Philosophen Jean-Francois Lyotard (1924–1998), von dem die verbindliche Definition der Postmoderne als »Skepsis gegenüber Meta-Narrativen«[50] stammt, dem Höchsten Wesen mit höchster Skepsis begegne. Der mit »Meta-Narrativen« übersetzte französische Begriff ist »grands récits«, große Erzählungen, die großen Stories oder abenteuerlichen Geschichten, mit anderen Worten das, was ich hier als »hohes und mächtiges Reden« bezeichne. Das sind starke, allumfassende Begrifflichkeiten, die den Anschein erwecken, uns eine Weltformel zu bieten und zu den Grundfesten zu gelangen, eine geradezu totalitäre Reichweite zu haben, an das zu rühren, was Hegel das »absolute Wissen« nannte. So betrachtet ist der Atheismus genauso eine »große Story«, ein Meta-Narrativ, ein hohes und mächtiges Reden wie der Theismus. Beweise der Nicht-Existenz Gottes sind ge-

---

50 | Lyotard, *Das postmoderne Wissen*, xxiii–xxiv.

nauso »heiße Luft« wie Beweise seiner Existenz; denn beide wollen die Ballons der Metaphysik unbegrenzt in der Luft halten.

Skepsis gegenüber dem Höchsten Wesen
Lyotards Wortwahl ist großartig: Skepsis – »incredulity«, in+credere, nicht zu glauben… Das ist ein Stich ins Herz jedes Credo, sei es des nizänischen oder irgendeines anderen. Der Schlüssel ist dabei, dass er nicht behauptet, es sei definitiv falsch, sondern nur »unglaublich«. Ich glaube, Tillich meinte ziemlich genau das gleiche, wenn er von »nahezu blasphemisch und mythologisch« sprach: einen anthropozentrischen »Sammelbildchen-Gott«, einen übermächtigen Akteur, der Dinge tut oder uns in helle Aufregung versetzt, wenn er sich erstaunlicherweise weigert, Dinge zu tun, die wir für dringend notwendig halten usw. Sie können gern an all das glauben, wir werden deshalb nicht die Polizei rufen, ebenso wie wir nicht die Polizei rufen werden, wenn Sie an Entführungen durch Außerirdische glauben. Es ist nur so, dass ein solcher Glauben an so ein Höchstes Wesen von Tag zu Tag weniger glaubhaft wird. Sie können das glauben, wenn Sie wollen, aber das Ergebnis ist ein Fideismus, der Glaube an etwas, das Ihnen Sicherheit gibt, einschließlich der Sicherheit, dass Ihnen niemand das Gegenteil beweisen kann. Vielleicht denken Sie, dass das Unbedingte es leichter hätte, wenn es im Hintergrund durch die Existenz Gottes abgesichert wäre. Wie gesagt, Sie können das glauben, wir leben schließlich in einem freien Land, aber Sie handeln sich damit einen Haufen Probleme ein. Was für Probleme? Ich sehe im Wesentlichen drei:
1. Wenn es dort oben ein Höchstes Wesen gäbe, würde das alles entwerten, was im Leben kostbar (unbedingt) ist, indem es zum Teil eines Heilsplans von Lohn und Strafe (Bedingungen) würde. Wir erziehen Kinder, indem wir ihnen den Unterschied zwischen Gut und Böse beibringen, und wir tun das mithilfe von Lohn und Strafe. Wenn sie sich gut verhalten, überschütten wir sie mit Lob, Umarmungen und Leckereien. Jeder in der Jugendmannschaft bekommt einen Pokal, egal wie bescheiden sein Beitrag war. Wenn Kinder sich schlecht benehmen, werden sie bestraft, was heutzutage hauptsächlich in Form von »Auszeiten« geschieht (in früheren Zeiten waren die Methoden, naja, sagen wir mal »stärker«). Wir tun das gerade so

lange, bis sie erwachsen werden, d. h., bis sie diese Prinzipien verinnerlichen und man damit rechnen kann, dass sie von allein wie Erwachsene handeln. Die Religion des Höchsten Wesens funktioniert nach denselben Prinzipien, nur dass man in dieser Religion nie wirklich erwachsen wird – das gesamte Leben »in der Zeit« ist eine einzige spirituelle Kindheit, die in der Hoffnung auf ewigen Lohn und in der Angst vor ewigen Strafen durchlebt wird. Das untergräbt die Möglichkeit, *bedingungslos* zu handeln. »Du sollst deinen Nächsten lieben – aber du wirst in der Hölle braten, wenn du es nicht tust, und zwar in Ewigkeit.« Aua! Könnten Sie sich eine Ehe unter solchen Bedingungen vorstellen? Das würde ja Heinrich VIII. wie einen wohlwollenden und treusorgenden Ehegatten wirken lassen! Das ist der Grund, warum Kant dafür gepriesen wird, dass er die »Aufklärung« als ein Erwachsenwerden des Menschengeschlechts und das Wagnis, selbst zu denken definiert hat – und das ist auch der Grund, warum Religion tendenzmäßig auf dieser Bühne des »Wagnisses, selbst zu denken«, keine besonders gute Figur macht.

2. Wenn es dort oben ein Höchstes Wesen gäbe, dann wäre er (ich entschuldige mich in diesem Fall nicht für das Geschlecht) so hoch und mächtig, dass wir so gut wie nichts über Ihn wissen könnten, es sei denn, Er würde sich uns offenbaren. Das müsste er zu einer bestimmten Zeit, an einem bestimmten Ort und in einer bestimmten Sprache und Kultur tun, z. B. indem er sich auf dem nächstgelegenen Berg offenbart oder indem er auf die Erde herunterkommt und eine Zeit lang bei bestimmten Leuten zu einer Zeit und an einem Ort lebt, indem er sich ein Gottesvolk erwählt und dadurch einen ganzen Sack voll Probleme für andere Völker schafft, die er nicht erwählt hat. Dieser Anspruch auf den Ruhm, das auserwählte Volk Gottes zu sein, das Volk, dem Gott sich in besonderer Weise offenbart hat, *unser* Gott, der sich *uns* offenbart hat (es geht immer um dieses *uns*), der uns unsere Feinde als Schemel unter die Füße legen wird, dieser Anspruch facht die Flamme des Konfessionalismus und des auserwählten Volkes und unvermeidlich – die Geschichte ist mein Zeuge – auch der religiösen Gewalt an. Der Verfasser von Psalm 110,1 hat keine Witze gemacht. Es wird einen enormen Aufwand an Zeit, Energie und Diplomatie erfordern, all das zurückzufahren, all diese Brandherde zu löschen, und das – auch das bezeugt mir die Ge-

schichte – wird nicht gelingen. Und noch einmal: Sie haben die Freiheit, an ein solches Höchstes Wesen zu glauben, aber es ist den Ärger nicht wert.
3. Wenn es dort oben ein Höchstes Wesen gibt, einen Akteur, der fähig ist eine kosmische Ordnung herzustellen, Wunder und wundersame Taten zu vollbringen, für die Verfolgten einzutreten und die Bösen von ihren bösen Wegen abzubringen, dann werden Sie es teuflisch schwer haben, wenn ich das mal so ausdrücken darf, zu erklären, warum dieses Höchste Wesen tut, was es tut, bzw. warum es nicht das tut, was wir so glühend von ihm erhofften, oder warum es scheinbar untätig mit verschränkten Armen daneben steht und zuschaut, wie wir zum dritten Mal untergehen, während die Bösen da oben auf ihren Yachten eine herrliche Party feiern. Die Bilanz dieses Höchsten Wesen, was das Abbringen der Bösen von ihren bösen Wegen, das »Unsere-Feinde-als-Schemel-unter-unsere-Füße-Legen«, das Verschwindenlassen bösartiger Tumore und solche Dinge angeht, ist dermaßen schlecht, dass man sich schon wundern muss, warum die Theologen immer wieder davon anfangen. Wenn Sie meinen, dass es einen enormen Zeit- und Energieaufwand erfordert, die Feuer der Hölle oder des Konfessionalismus auszutreten, dann verblasst das im Vergleich mit den Bibliotheken, die gefüllt wurden mit den Versuchen, das Dilemma der Theodizee, das Problem des Bösen zu lösen. Und noch einmal: Es steht Ihnen frei, ihr Vertrauen auf solch ein Höchstes Wesen zu setzen, aber zusätzlich zu all dem Anthropozentrismus und Anthropomorphismus, zu der ganzen Mythologie und Halb-Blasphemie macht das wirklich mehr Ärger, als es wert ist.

Natürlich bin ich nicht der erste, der diese Bedenken äußert. Ich weise nur darauf hin, dass Lyotard hier einen Fingerzeig gibt, der uns hilft, die wachsende Bedeutung dieser Bedenken unter den heutigen Bedingungen des »Wagnisses, selbst zu denken« besser zu verstehen. Religion macht sich mit ihrer anhaltenden Neigung zum Übernatürlichen und Mythologisierenden immer unglaubwürdiger und sorgt dadurch dafür, dass der Glaube am besten unter den Unterprivilegierten und Verzweifelten, den Ärmsten und Ungebildetsten dieser Welt aufblüht, während er für alle anderen zunehmend irrelevant wird. Wir nähern uns immer mehr dem Punkt, an dem für ein Individuum oder eine ganze Kultur ab einem gewissen Grad von intellektueller Erkenntnis und wirtschaftlicher Stabilität auch nach Jahrhunderten doktrinärer Knechtschaft der religiöse Glaube, sagen wir mal, unglaubhaft wird und zu weit verbreiteter Ungläubigkeit führt. Das heutige Irland ist das jüngste Beispiel dafür, aber dasselbe Phänomen zeigt sich anfanghaft auch schon in der wachsenden Mittelklasse Südamerikas.

Ich lege meinen Fokus bei allen drei Bedenken, besonders aber beim ersten, das ich hier besonders hervorheben möchte, darauf, dass die Unbedingtheit des Unbedingten untergraben wird und dass es zu kurz greift, wenn das Unbedingte mit Gott identifiziert wird. Das gilt auch, so möchte ich eilends hinzufügen, für andere derartige Identifikationen: Humanität oder Natur, Wissenschaft oder Geist, Nation oder Partei oder was auch immer! Ich werde darauf zurückkommen, wenn ich weiter unten die Dynamik des Rufs erörtere (Kapitel 8). Fürs erste mag es genügen darauf hinzuweisen, dass wir in der schwachen oder radikalen Theologie nicht versuchen, die Existenz eines Höchsten Wesens zu widerlegen; wir begegnen ihm nur mit der anhaltenden Skepsis, die es sich selbst zuzuschreiben hat. Es bekommt, was es verdient hat. Letztendlich behaupte ich, dass dieser höchste und allmächtige Gott das Ende des Reiches Gottes bedeuten würde. (Kapitel 10)

Eine Theologie des Vielleicht

Heißt das, dass wir uns mit gar nichts zufriedengeben? Wenn Gott weder ein Höchstes Wesen ist, noch das Sein selbst, noch ein mystisches Sein jenseits allen Seins und wenn wir auch nicht versuchen, ausdrücklich die Nichtexistenz Gottes zu beweisen, wenn es um all das nicht geht – was bleibt dann für die schwache Theologie überhaupt zu tun? Die kürzeste Antwort darauf ist: Ich habe nie einen Rosengarten versprochen. Die längere Antwort ist das Unbedingte, aber ich habe nie behauptet, das Unbedingte sei keine herausfordernde Angelegenheit! Der Schlüssel liegt in der von mir dargelegten Verbindung zwischen dem Unbedingten und der Torheit Gottes, die sich gut an der unterschiedlichen Ausdrucksweise Tillichs und Derridas aufzeigen lässt. Tillich spricht manchmal vom »Unbedingten« (uncondition*ed*) und meint damit etwas, das den ontologischen Status des Seins oder auch des Seinsgrunds genießt, während Derrida immer vom »Bedingungslosen« (unconditi*onal*) spricht und damit etwas »ohne Sein« meint. Immer, wenn Derrida von diesem bedingungslosen Dingen wie z. B. der Gerechtigkeit spricht, fügt er ein »Vielleicht« (*peut-etre*) oder auch ein »wenn es eine gibt« oder »wenn so etwas existiert« (*s'il y en a*) an, was natürlich, wenn es wirklich etwas nicht Dekonstruierbares ist, nicht der Fall ist. Wenn es so etwas wie Gerechtigkeit wirklich gäbe, wenn Gerechtigkeit etwas Existierendes, eine Entität wäre, dann wäre sie ja eine Konstruktion, das Ergebnis eines Systems von Unterschieden und als solches dekonstruierbar; dann aber wäre Gerechtigkeit nicht etwas, das nicht dekonstruierbar und unbedingt wäre. Wenn wir die Verrücktheit annehmen, die uns dazu bringt, uns etwas zuzuwenden, von dem wir nicht einmal wissen, ob und wie es das gibt, bzw. was genau es bedeutet oder bewirkt, dann kommen wir der echten Torheit Gottes ziemlich nahe, von der Paulus uns erklärt, sie stehe auf der Seite der Dinge, die nicht sind, um die Dinge, die sind, zu beschämen. Die Torheit von Derridas »Unbedingten« ist eng verbunden mit diesem »Vielleicht«.

Aber was »ist« dann für Derrida etwas Unbedingtes? Das erste, was es dazu zu sagen gibt, ist selbstverständlich, dass es, was immer es ist, kein »was« ist und dass »ist« eine unpassende Ausdrucksweise dafür ist. Das ist auch der Grund, warum Derrida so oft auf die semantischen und linguistischen Quellen der negativen Theologie zurückgreift. Die beste Beschreibung ist, dass das Unbedingte nicht existiert, sondern insistiert. Die Torheit des Unbedingten ist, dass es nicht existiert. Das Unbedingte ruft uns, lockt uns, wirbt um uns, provoziert uns, geistert bei uns herum und schreckt uns auf – aber es besitzt nicht die Vernunft zu »existieren«. Also schließen Sie bitte nicht zu schnell darauf, dass es dort oben oder hier unten ein beruhigendes Wesen gibt, dass für das Rufen, Locken, Aufschrecken usw. zuständig ist. Wir müssen nämlich nicht nur Hypostasierung, Personifizierung und Mythologisierung vermeiden, sondern auch Ontologisierung. Die Torheit Gottes besteht darin, dass Gott nicht existiert. Gott insistiert, aber er existiert nicht. Hüten Sie sich also vor den endlosen epischen Schlachten zwischen Theisten und Atheisten, und achten Sie stattdessen in aller Ruhe auf das Phänomen, das Ereignis, das Unbedingte, so sehr es einen auch verrückt machen kann, wie schwer fassbar das ist. Daher sollten wir einen Mittelweg suchen und immer betonen, dass ein Ruf stets in den von uns ererbten Traditionen und Sprachen *ergeht*. Das schlage ich als postmodernes Gegenstück zu der Aussage des Augustinus vor, dass wir Gott *in memoria* finden. Wir wachen eines Tages mitten in der Welt auf und stellen fest, dass Sprache schon besteht, dass unsere *memoria* schon im Voraus gut ausgerüstet ist mit Verheißungen und Gedenken, Rufen und Erinnerungen, Hoffnungen und Ängsten, die wir ererbt haben. Wir beginnen von unserem Ausgangspunkt aus, von dort, wo wir uns erstmals selbst entdecken, und treten ein in diese lebenslange Wechselwirkung zwischen Bedingtem und Unbedingtem, die wir unsere Lebensgeschichte nennen.

Das Unbedingte ist ein heimatloses, unhandliches Gebilde oder Nichts, das nicht im Haus des Seins wohnt. Es ist nicht das zentrale Thema einer panentheistischen Metaphysik (die wir ja in Kapitel 1 vom »Pantheismus« unterschieden haben). Es ist auch nicht das Leben Gottes auf der Erde als absoluter Geist (Hegel), sondern eher etwas Geisterhaftes, das uns keine Ruhe lässt. Es ist keine in Raum und Zeit übertragene göttliche Vorsehung, sondern ein radikaleres Vabanquespiel, eine Verheißung/Drohung, wobei der ganze Weg von oben nach unten ein gewagtes Spiel ist, dessen Verrücktheit darin besteht, dieses Risiko voll und ganz und ohne Rückfahrkarte einzugehen. Das Unbedingte ist nicht eingefügt in eine beruhigende Dialektik von Endlichem und Unendlichem in der Weise, dass das Unendliche sich auf endliche Weise auszudrücken sucht. Das Unbedingte bei Derrida ist kein unendliches Sein, nicht das Sein selbst und auch nicht das Sein allen Seins oder ein »Über-Wesen«, sondern »anderswie« und »anderswo«, etwas, das im Infinitiv steht und unbegrenzt ist, etwas, das »im Kommen« ist, eine messianische Verheißung (allerdings ohne Messias), eine Art von Hoffnung wider alle Hoffnung – wie verrückt ist das denn? – auf das Kommen von etwas, das wir nicht kommen sehen können und das sich auch als Katastrophe herausstellen könnte. Wenn das Unbedingte eine Möglichkeit ist, die in die Gegenwart hinein klingt, sozusagen das Keimen eines Ereignisses, so geschieht das nur als Kommen von etwas Unvorhersehbarem, als Erinnerung an etwas aus unvordenklichen Zeiten. Das Unbedingte ist nicht einfach ein Mittel, um unsere Gebrochenheit, Fehlbarkeit und Endlichkeit angesichts des Unendlichen auszudrücken; es ist vielmehr das radikale Bekenntnis (confession), die »Circumfession«, dass die Unvorhersehbarkeit der Zukunft, das Kommen dessen, was wir nicht kommen sehen können, bis ganz nach unten durchgeht und dabei sowohl Gott als auch uns selbst umfasst – das ist der tiefste Grund der Torheit.

Über und jenseits von allem (um hier ein hochfliegendes Bildwort zu bemühen, das ich normalerweise zu vermeiden suche) hat der entscheidende Unterschied zwischen Tillichs »Unbedingtem« (*unconditioned*) und Derridas »Bedingungslosem« (*unconditional*) mit dem Tod Gottes zu tun. Für Tillich ist Gott das unerschöpfliche Sein, und deshalb konnte der konsequente und zutiefst theologische Atheismus, den er vertrat, nie zum »Tode Gottes« führen – auch wenn genau das in den Sechziger Jahren daraus gemacht wurde. Der Tod Gottes wäre für Tillich (nicht jedoch für die Nach-Tillich'sche Schule) absurd, ein Widerspruch in sich. Der Tod erreicht nur individuelle, endliche Wesen, er kann dem unendlichen, unerschöpflichen Seinsgrund nichts anhaben. Nicht-Sein kann niemals das Sein selbst ereilen, der Tod kann niemals das Sein an sich vernichten. Individuen werden geboren und sterben, aber nicht das Sein selbst. Der Tod hat keine Macht über die Macht und den Grund allen Seins. Für Derrida hingegen bedeutet das Unbedingte, dass das, was vor uns liegt, eine Chance für das Leben ist, eine Hoffnung wider alle Hoffnung, ein Sehnen über alles Sehnen hinaus. Aber es kann ebenso gut auch in eine Katastrophe, ein Desaster münden, in Tod und Zerstörung, den Tod Gottes und der Menschen, die Kreuzigung sowohl Gottes als auch der Menschlichkeit. Es könnte sein, dass das, was kommt, das Ende Gottes bedeutet, dass das Kommen Gottes eine Totgeburt wird. Das Kommen dessen, was wir nicht kommen sehen, könnte auch der Tod nicht nur einzelner Lebewesen sein, sondern des Lebens selbst, z. B. durch eine Ausdehnung der Sonne, die die Erde verbrennt, oder durch eine kosmische Zerstörung, einen unumkehrbaren chaotischen Verfall, der das Ende aller Enden bedeuten würde, den Tod des Todes, den Tod des Kreislaufes von Leben und Tod selbst.

Könnte sein. Vielleicht. *Peut-être*[51]
In der schwachen Theologie wird die Macht des allmächtigen Gottes abgeschwächt zu einem »Mag-sein«, und das Sein des Höchsten Wesens wird abgeschwächt zu einem »Kann-sein« (von *être* zu *peut-être*). Die Torheit Gottes besteht darin, dass der Name »Gott(es)« nicht der Name des Höchsten Wesens oder des Seinsgrundes oder eines mystischen »Über-Wesens« ist, sondern der Name des »Kann-sein«, des »Vielleicht«, des

---

51 | Caputo, *The Insistence of God*, 3–23, 259–63.

Ereignisses dessen, was uns ruft und wonach wir rufen, der Möglichkeit des Unmöglichen, das vielleicht auch eine Katastrophe sein kann. Damit meine ich nicht, dass Gott vielleicht existiert und wir es nur nicht wissen und dass es aufgrund dieser Unsicherheit klüger ist, unser Urteil zurückzuhalten und, wenn jemand eine Antwort verlangt, lieber ausweichend zu antworten. Nein, die Torheit Gottes meint vielmehr, dass das Ereignis, das hinter dem Namen Gottes steckt, das Ereignis des Kann-sein, des Vielleicht ist, dessen, was Nietzsche das »gefährliche« Vielleicht nennt, weil ja jede Verheißung auch eine Drohung ist. Wenn ich von »vielleicht« spreche, rede ich nicht einer Indifferenz, Neutralität oder Unentschlossenheit das Wort. Ich suche nicht nach einer Möglichkeit, einem klaren Bekenntnis auszuweichen und mich auf dem Zaun zwischen Theismus und Atheismus sitzend in Sicherheit zu bringen, indem ich sage: »Ich weiß es einfach nicht.« Mein »Vielleicht« impliziert nicht die Lähmung des Skeptizismus. Das Vielleicht, das ich meine, ist wirklich gefährlich, weil es uns hinausstößt in die Kälte, uns dem Unvorhersehbaren ausliefert, uns ohne Schutz lässt, mit vollem Risiko und voller Hoffnung. Gerade dadurch liefert uns dieses Vielleicht aber auch der Verzweiflung aus. Mit »vielleicht« meine ich, dass wir den Spuren des Unbekannten folgen müssen, selbst wenn es sich vielleicht als Ungeheuer herausstellt. Sich in dieses Vielleicht zu verheddern ist pure Verrücktheit.

»Wenn sie sagen ›Friede und Sicherheit!‹, wird plötzlich Verderben über sie hereinbrechen wie die Wehen über eine schwangere Frau und es wird kein Entrinnen geben!« (1 Thess 5,3). So sieht mein Vielleicht aus. Wenn alles sicher, gut eingerichtet und abgesichert scheint, dann bricht mein Vielleicht herein und bringt alles durcheinander, indem es zu verstehen gibt: »vielleicht auch nicht!« Ich behaupte, dass die Torheit des Namens Gottes etwas über unser Leben aussagt. Dieser Name flüstert uns ins Ohr, dass wir in Verantwortung vor den Anforderungen einer fernen Verheißung leben, vor den Lockrufen eines wenig bekannten Geistes oder Gespenstes, vor etwas Realem, das über alles Reale hinausgeht. Das erfordert von uns, das auszubilden, was Keats eine »negative Befähigung« nannte, die Fähigkeit, Unsicherheit auszuhalten und ein verrücktes Leben zu leben.

Das Ereignis, das im Namen »Gott(es)« steckt, überschreitet unsere Berechnungen, umgeht unsere Regeln, entgeht jeder Programmierung. Der

Name Gottes ist der Name der Möglichkeit eines Ereignisses. Das Reich Gottes ist der Name eines Reiches, in dem uns das Ereignis einen unerwarteten Besuch abstattet und uns mitten in der Nacht mit einem lauten Klopfen an der Tür aufweckt.

8. Die Torheit des Rufes

Die Torheit Gottes besteht darin, dass Gott nicht existiert; Gott insistiert. Gott existiert nicht; Gott ruft. Gottes Torheit besteht darin, dass Existenz für ihn nicht etwas ist, an das er sich klammert, vielmehr entleerte er sich in die Welt hinein (Phil 2,6–7). Er überlässt das Existieren nun uns. Das ist für Gott wie auch für uns ziemlich riskant, weil nicht sicher ist, dass wir das auch wirklich schaffen. Die Insistenz Gottes bedeutet, dass der Name Gottes nicht der Name eines Höchsten Wesens ist, sondern der Name eines Rufs, auf den wir reagieren können oder auch nicht. Der Name Gottes ist der Name von etwas Unbedingtem, dessen Ruf uns unerwartet mitten in der Nacht ereilt. Wie das?

Gottes Verheißung

Ich habe ja schon mehrfach erwähnt, dass wir, sobald wir das Licht der Welt erblicken, herausfinden, dass Sprache bereits existiert. Denn die Sprache hat ebenso wie die Welt schon ohne uns begonnen. Wie oben erwähnt (Kapitel 2) befinden wir uns, wenn wir geboren werden, schon mitten in einer Vielzahl von bereits vorhandenen Systemen oder Denkmustern, die relativ stabile Sinnzusammenhänge hervorbringen, die wiederum eine relativ stabile – und daher auch relativ instabile oder dekonstruierbare – Welt formen. Diese vielfältigen Systeme fasst Derrida in dem Neologismus *différance* zusammen, den er in der Diskussion mit den Strukturalisten über die Beschaffenheit der Sprache geprägt hat. Sprache steht sozusagen an der vordersten Front solcher Systeme und ist daher am besten als Beispiel geeignet, aber Sprache ist keineswegs das einzige dieser Systeme. Sprache ist ein Netzwerk, das nahtlos in andere – politische, soziale, historische, religiöse, kulturelle, geographische, personifizierte, geschlechtsspezifische, gefühlsmäßige etc. – Netzwerke verwoben ist. »*Et cetera*« ist dabei nur ein behelfsmäßiger Ausdruck dafür, dass solche Systeme immer weiterlaufen und dass man sie unmöglich alle durchbuchstabieren kann. Wenn ich eines davon auslasse und meine Kritiker das in ihren Rezensionen anmahnten, würde ich mit einem Grinsen bemerken, dass ich genau das mit »etc.« gemeint habe. Was auch immer sie sonst sein mögen – diese Systeme bilden unser Vermächtnis, unsere Erbschaft, unsere postmoderne augustinische *memoria*, ein ganzes Bündel von Strukturen, die im Hintergrund unsichtbar unser Leben formen. Sie beinhalten unsere ererbten Glaubensrichtungen und -praktiken, unsere Institutionen und Traditionen, also alle Systeme, die bereits im Gange sind. Sie beinhalten kostbare Erbstücke, die wir modernen Menschen als »Werte« bezeichnen und die die Alten »Weisheit« (*sophia*) nannten, das Gute, das Wahre und das Schöne, das wir anstreben (*philia*). Ich behaupte, dass diese Erbstücke sowohl Verheißungen als auch Erinnerungen an Dinge sind, auf die sich unsere Sehnsüchte – oder das, was Augustinus die Ruhelosigkeit unseres Herzens nennt – konzentrieren.

Eines der Beispiele für etwas Unbedingtes, auf das Derrida immer wieder zurückkommt – und es war für ihn weit mehr als nur ein Beispiel – ist der Begriff »Demokratie«. Dies ist zugleich eine ererbte Erinnerung, ein Vermächtnis, das auf die ersten demokratischen Institutionen des antiken Athen zurückgeht, eine aktuelle Realität in den verschiedenen demokratischen Institutionen, die es heutzutage gibt, und eine Verheißung, die sich noch nicht erfüllt hat – zumindest noch nicht ganz. Ich nenne es eine Verheißung, weil jede real existierende Demokratie dem protestantisch-jüdischen Prinzip unterworfen ist: keine bedingte, existierende Realität wird je den Anforderungen des Unbedingten gerecht; keine real existierende Demokratie entspricht je der »Demokratie-im-Kommen«; keine real existierende Demokratie erfüllt je die Verheißung von Demokratie. Deshalb könnten wir auch, so verrückt das klingt, sagen: »Meine lieben Genossen Demokraten, es gibt gar keine Demokraten!«[52] Mit all dem will ich sagen, dass keine Demokratie in allem dem entspricht, wozu uns der Begriff der Demokratie aufruft und woran mit diesem Begriff erinnert wird. Was ist Demokratie? Wie auch immer man sie an einem bestimmten Ort oder zu einer bestimmten Zeit definiert: Demokratie ist ein Ruf, ein Anruf, ein Aufruf zu etwas – nennen wir es Freiheit und Gleichheit zugleich. Es ist ein Ruf nach etwas Unbedingtem, auf den wir keine angemessene Antwort haben. Jeder real existierende demokratische Staat oder jede Institution ist eine bedingte Antwort auf einen unbedingten Ruf, der unter den spezifischen Bedingungen von Raum und Zeit, Geschichte und Kultur ergeht. Das ist so wahr, dass wenn irgendetwas, das unbedingt in oder unter diesem Na-

---

52 | Derrida entwickelt diese rhetorische Figur in *Politik der Freundschaft*; vgl. 51–79.

men gefordert wird, tatsächlich auftauchen würde, dies vielleicht nicht einmal den Namen »Demokratie« verdienen würde. Genau deshalb wollen wir ja das Unbedingte auch nicht als »Ideal« bezeichnen, so als wüssten wir genau, was wir erreichen wollen und würden es nur nicht ganz schaffen. Um es allgemeiner auszudrücken: Das, was da gefordert wird, sind die vielfältigen Hoffnungen und Sehnsüchte, die uns in unseren ererbten Traditionen überliefert wurden, in Worten von elementarer Verheißung, die in diesen Traditionen wohnen. Diese Worte drücken die vielfältigen Hoffnungen und Sehnsüchte aus, die wir so weit wie möglich offenhalten wollen, um nicht ihre Zukunft zu verbauen und um uns nicht gegen die Ankunft dessen, was im Kommen ist, abzuschotten. Als Vermächtnis ist das, was gefordert ist, auch der Widerhall dessen, was uns schon die ganze Zeit gerufen hat, von alters her, seit unvordenklicher Zeit. Demokratie ist nur eines davon, ihr Name ist Legion. Es gibt Tausende solcher Vermächtnisse, wie z. B. Gerechtigkeit, Liebe, Freundschaft, Barmherzigkeit, Leben – und sie sind alle erst »im Kommen«.

Für zumindest einige unter uns müsste diese Aufzählung auch die Verheißung der Theologie und die Verheißung Gottes mit einschließen, einer »Theologie-im-Kommen«, einer kommenden Generation von Theologen, die sich dem Nachdenken über einen kommenden Gott widmen, einen »Gott-im-Kommen«, der tief *in memoria* verankert ist – und zugleich weit weg als eine ferne Verlockung. Deshalb bin ich permanent dabei, meine Sprache neu zu erarbeiten, zu formulieren, zu überarbeiten, zu verfeinern, zu korrigieren, immer wieder zu überprüfen, zu präzisieren und so eine angemessene Sprache zu finden, indem ich nicht nur von Gott spreche, sondern von dem Ereignis, das im Namen »Gott(es)« geschieht. Ich behaupte, dass – zumindest für manche von uns – der Name »Gott(es)« in einem einzigen Wort ein Konzentrat oder eine Zusammenstellung, eine Komposition oder Zusammenfassung all dieser Verheißungen und Erinnerungen ist. Der Name »Gott(es)« ist symbolisch und metaphorisch, aber er umschreibt zugleich das ganze Bedeutungsfeld. Das übt einen unerträglichen Druck auf dieses oder jedes andere begrenzte empirische Wort aus – deshalb greifen wir an diesem Punkt gern auf eine abstrakt verneinende Redeweise zurück. Ich wage die Hypothese, versuchsweise und mit Angst und Zittern, dass dieses Bündel von Metaphern und Synonymen, das wohl genau das bezeichnet, was ich demnächst als »Poesie« bezeichnen werde (Kapitel 9), sich um das Leitmotiv der »Möglichkeit des Unmöglichen« gruppiert, die Suche nach dem Unmöglichen, die natürlich die höchste oder tiefste Torheit darstellt. Ich betrachte dies als die zentrale Sehnsucht, ja, ich möchte sogar wagen, es das eigentliche Wesen der Sehnsucht zu nennen, ein Sehnen über alles Sehnen hinaus, was auch bedeutet, dass dieses eigentliche Wesen selbst auch den Rahmen sprengt. Damit möchte ich sagen, dass wir mit einer Sehnsucht sehen, die nicht im Horizont unserer Erwartungen liegt, wie etwa die Hoffnung, eine Prüfung *summa cum laude* abzuschließen oder die Leitung der Firma zu übernehmen. Ich meine eine Sehnsucht jenseits des Vorhersehbaren, eine Sehnsucht nach dem Unvorhersehbaren, was (wie ich immer gleich hinzufüge) äußerst riskant ist, oder anders ausgedrückt: Es ist verrückt, damit herumzuspielen. Es braucht schon ein gewisses Maß an Wagemut, vielleicht sogar an Wahnsinn, nach etwas zu verlangen, das man nicht kommen sehen kann. Da weiß man nämlich nie genau, was man als Nächstes zu erwarten hat. Aber meiner Ansicht nach ist Gott, der Name Gottes, die Torheit »Gott(es)«, eine paradigmatische Bezeichnung dieser Sehnsucht – zumindest unter bestimmten Bedingungen!

Der Name Gottes ist also weder der Name eines Höchsten Wesens noch des Seinsgrunds noch eines »Über-Wesens«. Es ist der Name eines Ereignisses, des Rufs eines Ereignisses, des Ereignisses eines Rufs. Ich möchte das Höchste Wesen nicht durch den »Seinsgrund« ersetzen, sondern durch ein Ereignis. Ich gestalte das Bild und den Begriff des »Grundes« um zu der Idee: »Was in und unter diesem ererbten Namen *geschieht*.« Das ist immer meine Frage: *Was geschieht?* – wenn die klassische Theologie vom Höchsten Wesen oder Tillich vom Seinsgrund oder die mystische Theologie von einem »Über-Wesen« spricht oder wenn die Frömmigkeit sagt »mein Gott«. Die Antwort ist immer das Ereignis. Was ist angesagt im und unter dem Namen Gottes? Die Antwort ist die Möglichkeit des Unmöglichen, die Möglichkeit des Ereignisses. Die Frage nach dem, was wir in »christlichem Latein« Religion nennen, ist immer die Frage, wie wir von dem Element sprechen, in dem wir leben, uns bewegen und sind. Die Antwort ist das Kommen des Ereignisses, der Ruf nach dem Kommen dessen, was wir nicht kommen sehen können, was kein Auge gesehen und kein Ohr gehört hat, was bisher noch keinem menschlichen Wesen in den Sinn gekommen ist. Das ist der Grund, warum Lotterien in jedem Fall Geld verdienen. Indem wir den Namen Gottes aussprechen, setzen wir die Horizonte unseres Lebens dem Unmöglichen aus, dem, was wir nicht erdenken können, der Vorstellung des Unvorstellbaren, dem Aussprechen des Unaussprechlichen, der Hoffnung wider alle Hoffnung, mit einem Glauben, der Berge versetzt, mit einer Liebe, die den Tod überdauert. Der Name Gottes bezeichnet eine Grenzüberschreitung hin zu einem Übermaß, zu etwas Unbedingtem, und das führt zu einer göttlichen Verrücktheit.

Die Torheit des Rufes

Wie Heidegger uns in einigen besonders gelungenen Passagen von »Sein und Zeit« aufzeigt, müssen wir uns bei jedem Ruf drei Dinge fragen: Wer oder was wird zu etwas aufgerufen? Wer oder was wird gefordert? Wer oder was ruft?[53]

1. Da wir uns es uns ja zum Ziel gesetzt haben herauszufinden, was die Theologie wirklich und zutiefst interessiert und weil die Theologie ja etwas ist, das wir selbst betreiben, wird deutlich, dass wir selbst (als Wesen oder Entitäten) es sind, die zu etwas *aufgerufen* werden. Das, wozu im und unter dem Namen Gottes aufgerufen wird, liegt »auf uns«, im Akkusativ. Wir selbst sind es, denen durch diesen Ruf die Pistole auf die Brust gesetzt wird, die gefordert sind, auf ihn zu antworten. Wir sind genau die, auf die Gott gewartet hat.
2. Das, was gefordert wird, ist die Verwirklichung jener Verheißungen, die in unseren ererbten Traditionen und Institutionen ergangen sind, oder auch die Verwirklichung der Erinnerungen, die wieder wachgerufen werden, die uns aus unvordenklichen Zeiten überkommen sind. Das, was gefordert wird, ist, das Unmögliche, so weit, wie es möglich ist, zu tun; dorthin, wohin wir nicht gehen können, so weit wie es möglich ist, zu gehen; das Unbedingte unter konkreten Bedingungen wahr werden zu lassen; das nicht Dekonstruierbare zu konstruieren – was natürlich unmöglich ist.
3. Aber genau bei dieser dritten Frage möchte ich innehalten: Wenn wir fragen, wer oder was ruft, müsste doch die eindeutige Antwort sein: Gott. In der Theologie sprechen wir im wörtlichen Sinn vom Wort Gottes – wir versuchen, den *logos* des *theos* zu erfassen. Die

---

53 | Heidegger, *Sein und Zeit*, §§ 56–57.

vielfältigen religiösen Traditionen geben so und so viele verschiedene Antworten auf die Frage, welcher Gott hier ruft. Aber wenn wir bisher irgendetwas gelernt haben, dann ist es, dass die Dinge bei Gott, beim Namen »Gott(es)« – nie so eindeutig sind. Dieser Name ist in erster Linie das Erbe oder Vermächtnis oder die Tradition, die schon da ist, wenn wir das Licht der Welt erblicken, ein Wort, das viele von uns das erste Mal aus dem Mund ihrer Mutter vernommen haben, damals am Beginn unseres Lebens, in einer Zeit, an die wir uns nicht mehr erinnern können (es sei denn, dies war nicht der Fall). Der Name »Gott(es)« ist eine Auswirkung dieser unterschiedlichen Denkmuster oder Systeme, er ist eine von vielen dieser relativ stabilen (und damit auch relativ unstabilen) Sinnzusammenhänge, die von diesen vielfältigen Systemen – von Derrida mit dem Kunstwort *différance* bezeichnet – hervorgebracht werden.

Aber es hätte auch ganz anders sein können. Wir hätten auch eine andere Kindheit haben können, hätten in einer ganz anderen Zeit, an einem anderen Ort und in einer anderen Welt leben können; wir hätten diesen Namen auch als Symbol für etwas teuflisch Böses hören können, für alles, was repressiv und rückwärtsgewandt ist. Wir hätten dieses Wort überhaupt nicht hören können oder ganz anders, so dass es nicht so hoch und mächtig ist und nicht im Singular vorkommt. Oder es hätte dieses Wort auch überhaupt nicht geben können, d. h. sorgfältige Forschungen über eine ganz andere Kultur könnten ergeben, dass es kein mehr oder weniger eindeutiges Äquivalent für das gibt, was »wir« Gott nennen. Aber was meine ich überhaupt, wenn ich »wir« sage? Damit beziehe ich mich auf diejenigen unter uns, die in und mit den großen monotheistischen Traditionen der Buchreligionen leben. In diesen wird der Name »GOTT(es)« in Großbuchstaben und im Singular zur Bezeichnung unserer Sehnsucht über alle Sehnsucht hinaus verwendet, alles, was unbedingt ist in unserem Leben, was uns unbedingt dazu aufruft, unser Leben zu ändern.

Über der Frage, wer oder was da ruft, liegt also eine gewisse Unbestimmtheit, Ambivalenz und Unwissenheit (und es gehört zur Theologie des Unbedingten, dass sie das Unbedingte in diesem unbestimmten Modus belässt und es dadurch schützt). Sind diese Traditionen die Träger des Wortes Gottes, das sich als Gott selbst in der Welt offenbart hat?

Sind sie das Ergebnis eines Eingreifens des Höchsten Wesens in die Geschichte (klassischer Theismus)? Oder sind sie die Art, wie sich der Seinsgrund in die unterschiedlichen kulturellen Lebensformen hinein ausdrückt, die unsere Geschichte bilden (Tillich)? Oder nur der zufällige Name des namenlosen und ewigen Einen oder Guten jenseits allen Seins (mystische Theologie)? Wer weiß das schon? Wenn wir das wüssten, wüssten wir alles. Das einzige, was wir wissen ist, dass zu dem Zeitpunkt, als wir das Licht der Welt erblickten, dieser Name und diese Systeme oder systemischen Denkmuster, zu denen er gehört, bereits vorhanden waren. Meine Hypothese ist, dass das, was diesen Namen am Leben erhält, was ihn – abgesehen von sehr viel Gewalt – besonders macht und stützt, die Tatsache ist, dass es der Name für die Möglichkeit des Unmöglichen ist und er dabei zugleich im schwachen Modus eines unbedingten Rufs verbleibt. Daraus folgt, dass es der Name oder einer der Namen dafür ist, in unserem Leben bis an die Grenzen zu gehen und diese Systeme offen und der Zukunft zugewandt zu halten. Andernfalls werden wir durch sie nicht begeistert, sondern entgeistert sein; sie werden uns ersticken und wir werden den Geist aufgeben. All diese Systeme haben eine leere Mitte, ein zentrales Vakuum, das nie gefüllt werden darf, eine Lücke, die nie geschlossen werden darf, eine Zukunft, die immer im Kommen ist. Sie stehen für die Lücke, die Gott eröffnet, nicht für die Lücke, die Gott ausfüllt.

Das ist der Grund, warum ich diesen Ruf in der mittleren Tonlage halte und von dem spreche, was gerufen wird und was sich rufen lässt durch diesen Ruf. Wenn ich also sage, dass der Rufer dieses Rufes unbestimmt ist, dann halte ich damit nichts zurück, ich versuche nicht, ein Geheimnis für mich zu behalten, die Karten ganz fest an die Brust zu drücken, um das zu verbergen, was ich tatsächlich denke. Ich beschwere mich noch nicht einmal. Ich behaupte nicht, dass wir mit etwas mehr Forschung, besseren Daten, ein wenig Glück und Zugang zu besseren Computern hoffen können, vielleicht doch noch die Quelle herauszufinden, den Rufer zu identifizieren und das alles zu enträtseln. Ich behaupte, dass die Unbestimmtheit des Rufers dieses Rufes eine *strukturelle Tatsache*, ein Prinzip ist – und dass das *besser* so ist, dass das protestantisch-jüdische Prinzip uns zugesteht, dass wir endliche, bedingte, das heißt verwundete und allem Möglichen ausgelieferte Kreaturen sind. Das ist ein Geheimnis, aber nicht eines, das ich bewahre, sondern das bewahrt wird – in mittlerer Tonlage. Es ist ein *strukturelles* Geheimnis, und es ist Aufgabe einer Theologie des Unbedingten, dieses Geheimnis zu bewahren und zu schützen. Die Torheit des Rufes besteht in diesem Geheimnis, diesem Nichtwissen – und dabei ist Nichtwissen kein Defizit, sondern in positiver Weise konstitutiv, genauso wie das, was wir in der Wissenschaft noch nicht wissen, die Wissenschaft voranbringt; genauso, wie die geheimsten und innersten Gedanken eines anderen Menschen im positiven Sinn sein Anderssein ausmachen. Wenn wir wüssten, was andere denken, wenn wir ihr Geheimnis wüssten, dann würde ihre Andersartigkeit, das, was die postmoderne Philosophie als »Alterität« bezeichnet, abgeschafft. Dann würde nicht nur ein Inferno losbrechen – es wäre schlimmer, als wenn all unsere E-Mails plötzlich online veröffentlicht würden – sondern unsere Erfahrung des anderen, alles, was wir von anderen lernen können, was wir in unseren Begegnungen mit ihnen genießen, alles, was sie anders macht, jede Überraschung, zu der sie fähig sind, wären aufgehoben. Das Ereignis, das im Namen Gottes enthalten ist, ist genauso: Wenn wir wüssten, dass Gott es ist, der ruft, dann könnte es unmöglich das sein, was im Namen Gottes geschieht, denn das würde die Torheit Gottes zu einer Erkenntnis zusammenschrumpfen lassen. Das wäre nicht die Torheit Gottes, sondern würde Gott zu einem Abziehbild machen.

Heidegger sagt, dass der Ruf etwas Leises und beunruhigend Anonymes an sich hat, so dass wir nicht sagen können, wer ruft und wozu wir aufgerufen sind.[54] Wenn es jemand genauer wissen will, sagen wir am besten, dass »es ruft«, dass etwas sich rufen lässt mit der von Heidegger so bezeichneten »Unheimlichkeit« eines »Es«. Das Wort »unheimlich« suggeriert ja etwas Gespenstisches, so dass wir, statt zu sagen: »es ruft«, auch sagen könnten: »Es geistert herum«. Der Ruf ruft nicht nur nach dem Kommen dessen, was wir nicht kommen sehen können, sondern der Ruf selbst scheint von nirgendwo zu kommen, zumindest nicht von einem Ort, den wir lokalisieren könnten; der Ruf kommt ungebeten und von niemandem, den wir identifizieren könnten, und tatsächlich sagt er uns auch nichts, er gibt uns keine Informationen und teilt uns nichts Bestimmtes mit. Das einzige, was wir sagen können, ist, dass es ruft, dass es geschieht, uns beschwört und zur Rechenschaft zieht, dass es

---

54 | Vgl. Heidegger, *Sein und Zeit*, § 57f.

uns ausbremst und unsere Aufmerksamkeit auf sich zieht – und es ist an uns, dafür zu sorgen, dass daraufhin etwas geschieht. Es ist, wie Heidegger hinzufügt, sehr gut möglich, dass es all dies in der Form des Schweigens tut, in einem stillen Moment, wenn wir sprachlos sind, wie vor den Kopf gestoßen, plötzlich aus der Bahn geworfen. Möglicherweise kann man es nur hören, wenn gerade nichts zu hören ist, mitten in einer erdrückenden Stille, wenn uns die Worte ausgehen.

Woher kommt der Ruf? Kommt er von Gott? Vom Seinsgrund? Aus unserer ererbten Kultur? Unserer DNA? Oder irgendeiner dunklen kosmischen Macht? Ist es eine von dunkler Materie verursachte Knochenreizung? Ist es mehr als ein Stück unverdautes Rindfleisch, wie Nietzsche so gnadenlos fragt? Wer weiß das schon? Wie Heidegger es ausdrückt: Auf die Fragen nach Namen, Stand, Herkunft und Ansehen versagt er nicht nur die Antwort, sondern gibt auch, obzwar er sich im Ruf keineswegs verstellt, nicht die geringste Möglichkeit, ihn für ein ›weltlich‹ orientiertes Daseinsverständnis vertraut zu machen.[55]

Das, was ruft, bleibt distanziert, und das ist, so Heidegger, in positiver Weise konstitutiv, denn wenn es identifizierbar wäre, würde es die ganze Sache untergraben, so wie das Wissen um die Gedanken anderer Menschen. Wenn wir das, was ruft, identifizieren könnten, die Glaubwürdigkeit der Quelle überprüfen und seine Autorität bewerten könnten, dann wären wir ihm überlegen und würden es uns aneignen. Der Ruf würde uns unter einer ontologischen »Rufer-ID« erreichen. Wir kämen aus dem Akkusativ in den Nominativ. Dann würde ich daraus eine von meinen eigenen Möglichkeiten machen, etwas, das ich auf eigene Faust tue. Wenn ich sagen könnte: »Das ist Gott oder die Biologie oder die Kultur«, dann wäre das das Ende. Ich wäre beruhigt. Denn es würde zu meiner eigenen Idee, und wenn ich sie dann nach reiflicher Überlegung umsetzen würde, dann würde ich das tun, was ich will und für das Beste halte. Ich würde wieder selbst das Steuer übernehmen und wäre dorthin unterwegs, wohin ich will, nicht, wohin ich gerufen werde. Dann wäre es mein Ruf und das würde mein Gerufensein im Akkusativ untergraben. Dann wäre ich nicht mehr aufgefordert, ohne Netz und doppelten Boden zu handeln, jenseits meiner Erwartungen und Neigungen, einfach jenseits

---

55 | Ebd., § 57.

meiner selbst. Das würde dem Ruf das Unheimliche und Riskante nehmen, ihn seiner Torheit berauben.

Der Wiener Seelenklempner (Freud) –es könnte auch so ein sarkastischer französischer Typ (Lacan) sein – der neben der Couch sitzt und sich den Bart streicht, hört all dem geduldig zu, hört mich bis zum Ende an (er wird ja pro Stunde bezahlt, selbst wenn er die Sitzung abkürzt). Da bei ihm die Alarmglocken schrillten, als ich erwähnte, dass Geister mich aufschrecken, beginnt er mir zu erklären, dass es keine Geister gibt und dass es sich um das handelt, was in seinem Fachgebiet als Projektion bezeichnet wird. Aber ich möchte darauf bestehen (er nennt das »in der Phase der Leugnung sein«): Das Ganze ist nicht meine Projektion, sondern das Ergebnis der Tatsache, dass ich in eine Welt hineingeworfen oder -geschleudert wurde, die sich bereits drehte. Das ist etwas, dem ich schon immer ausgeliefert war, wie Heidegger es ausdrückt, seit dem ersten Moment, da ich die Augen aufschlug. Das ist keine Projektion, sondern ein Projektil. Es ist nicht in meinem Kopf, sondern kommt mir in den Kopf. Es ruft mich an – ich stecke nicht in einem inneren Monolog. Wenn ich dafür verantwortlich wäre, würde ich es sofort abstellen. Wer will schon gern so aufgeschreckt werden? Wer will sich zum Narren machen? Die meiste Zeit würde ich es einfach vergessen, ich würde es schaffen, es nicht zu bemerken und darauf warten, dass es von allein aufhört; ich würde auf eine Kreuzfahrt gehen und hoffen, dass es weg ist, wenn ich wieder heimkomme. Das ist definitiv nicht mein Werk – das wäre wirklich das Letzte, was ich tun würde. Das geschieht ohne mein Zutun.

Wenn wir dessen, was uns unbedingt ruft, Herr werden könnten, dann würden wir seine Unbedingtheit untergraben, auf die gleiche Weise, wie zu wissen, dass der Anrufer uns ermöglicht zu entscheiden, ob wir den Telefonanruf annehmen wollen. Letztendlich würden wir das Unbedingte in das eine oder andere bedingte Ordnungssystem einfügen und es in die eine oder andere Reihe bedingender Wirkungen integrieren, deren Namen uns ja bekannt sind: der Ruf Gottes, der Nation, der Partei, der Natur, unserer Neurophysiologie. Wenn ich einmal der Versuchung einer hohen und mächtigen Redeweise erliegen wollte, wenn ich dem nur ein einziges Mal frönen wollte, dann würde ich sagen, dass wir schwachen Theologen in die Welt gesandt wurden – das ist unsere welthistorische Mission – um den Ruf zu retten, um seine Quellen zu schützen und seine Geheimhaltung geheim zu halten. Wir wurden im Namen des Rufes in die Welt gerufen und zu je zwei ausgesandt, nur mit einem Stab und ohne Vorratstasche, um die Anonymität des Rufes zu wahren und seine Unkenntlichkeit abzuschirmen und abzusichern und seine Torheit zu retten. Das ist der Grund, warum schwache Theologie so sehr nach negativer Theologie aussieht, was sie in gewisser Hinsicht auch ist – nur ohne den ganzen neuplatonischen Hype um das *hyperousios* und die ewig stille Gottheit über Gott hinaus oder die tiefe Metaphysik des deutschen Idealismus. Wir müssen den Ruf schwach halten und dürfen nicht zulassen, dass er aufgebläht wird, wir dürfen ihn nicht stark und laut und pompös werden lassen. Es ruft, es wird zu etwas aufgerufen in all seiner Unheimlichkeit und Anonymität – und das einzige, was zählt, ist, dass es gehört wird, dass wir aufgerufen sind, dass wir darauf antworten. Das einzige, was in der Welt diesen außerweltlichen (geisterhaften) Ruf bezeugt, ist unsere Antwort darauf. Er insistiert; wir existieren. Das Existieren unserer Antwort ist die einzige Art, wie das Insistieren des Rufes in der Welt existiert oder Gestalt annimmt. Für die ganze Welt, für alle anderen in der Welt, tanzen wir zu einer Musik, die sie nicht hören, was uns wie Narren aussehen lässt.

9. Senfkörner statt Metaphysik

Die Theopoesie des Reiches Gottes

Bevor wir uns meiner Eingangsfrage – »Braucht das Reich Gottes eigentlich Gott?« zuwenden, muss ich noch ein Puzzlestück anfügen, das den Charakter der Theologie als Diskurs betrifft. An diesem Punkt geht die Logik des Unbedingten, die ja eine Logik des Abschwächens ist, den nächsten Schritt, indem sie die Theo*logie* abschwächt zu etwas, das ich im Folgenden unter dem Begriff »Theo*poesie*« beschreiben möchte. Es ist nicht ganz unwichtig, den diskursiven Stil eines »Evangeliums« zu beachten, wenn wir verstehen wollen, was jemand da überhaupt tut, wenn er eines Tages aufkreuzt und den Armen eine frohe Botschaft, den Blinden das Augenlicht den Unterdrückten die Freiheit verkündet und ein Gnadenjahr des Herrn ausruft (Lukas 4,16–20), mit anderen Worten die kommende Gottesherrschaft. Meiner Ansicht nach nimmt die Rede vom Reich Gottes in den Evangelien die Form der Poesie an, und auch die Theologie tut gut daran, diese zu beachten. Im nächsten und letzten Kapitel (Kapitel 10) hoffe ich endlich den Mut zu finden, der ganzen Kraft der Verrücktheit, auf die ich mich eingelassen habe, ins Auge zu sehen, indem ich mich der vollen Wucht der Frage stelle, ob das Reich Gottes eigentlich Gott braucht.

Theopoesie

In der schwachen Theologie ist schon das Wort Theologie an sich zu stark. Deshalb muss die Stimme der Theologie sanfter gemacht werden, indem man zulässt, dass sie sich vom *logos* Gottes, der Logik eines Höchsten Wesens, abschwächt zur *Poesie* des Ereignisses, das unter dem Namen »Gott(es)« geschieht. Ich möchte gleich zu Beginn klarstellen, dass ich mit Poesie eine Sammlung von Metaphern, Synonymen, Erzählungen, Allegorien, Liedern, Gedichten und Gleichnissen meine, also eine Zusammenstellung *aller* literarischen Gattungen, die wir verwenden können, um uns mit dem Ereignis zu befassen. Es geht dabei nicht so sehr darum, das Ereignis zu erläutern als vielmehr darum, zuzulassen, dass wir uns dem Ereignis aussetzen, es kommen lassen und uns von ihm in Bann schlagen lassen. In der Theopoesie versuchen wir nicht,

Sätze zu formulieren, die einen bestimmten Sachverhalt darstellen, sondern das Ereignis geschehen zu lassen – und es *an uns* geschehen zu lassen. Ich möchte das einmal so ausdrücken: Wir lassen die starke Theologie sich abschwächen in den sanfteren, zarteren Tonfall der Theopoesie. Das lässt sich am besten erklären durch eine Gegenüberstellung von Theopoesie und Theologie.

Der klassische Sinn der Theologie, eines von Aristoteles übernommener Begriffs, der eine nüchterne Wissenschaft (*episteme, scientia*) des Seins im besten Sinne, des wahren Seins (*to on*) oder der Substanz (*ousia*) des Höchsten Wesens beschreibt, besteht darin, den *logos* dieses Wesens zu erfassen. Es ist Aufgabe jeder Theologie, eine ganze Reihe von Begriffen, Vorschlägen und Argumenten vorzulegen, die möglichst gut das Sein dieses besten und strahlendsten göttlichen Wesens (*theos*) beschreiben. Dieses Wesen, so Aristoteles' bekannte Schlussfolgerung, zirkuliert als reine Form im Himmel und widmet sich in seiner unvergänglichen Substanz ganz der Reflektion seines unwandelbaren Selbst. Uns irdischen Wesen schenkt es keinerlei Beachtung.[56] Ein solch vollkommenes Wesen kann Sünder nicht besonders gut leiden. Genau genommen hat es von Sündern noch nie gehört und leidet überhaupt nicht. Es ist unberührt von jeglicher Veränderung und verschwendet keinerlei Gedanken an uns oder irgendetwas anderes als sein eigenes Selbst, da all das im bildlichen und wörtlichen, im ontologischen und kosmologischen Sinn weit unter ihm steht. Die Herausforderung, der sich Thomas von Aquin und später Hegel in beeindruckender Weise stellten, bestand darin, dieses aristotelische reine Wesen mit dem in Einklang zu bringen, den Jesus *abba* nannte, der all unsere Tränen gezählt hat und sich von unseren Gebeten anrühren lässt. Luther hat dagegen, wie man weiß, diese Herausforderung schlicht und einfach nicht angenommen, indem er behauptete, Aristoteles sei als Strafe für unsere Sünden in die Welt gesandt worden. »Theologie« ist also ein Wort, dem die Leserinnen und Leser der Evangelien zumindest mit gehöriger Skepsis und Stirnrunzeln begegnen sollten. Theopoesie ist Skepsis gegenüber der Theologie. Sie ist das Ende einer starken und der Beginn einer schwachen Theologie. Die Evangelien sind ein Paradebeispiel für Theopoesie – Erzählungen, Gleichnisse, markante Zitate usw. – also Theopoesie ganz praktisch und im Tun; schwache

---

56 | Vgl. Aristoteles, *Metaphysik*, Buch XII.

Theologie ist eine Ausdrucksform, die sich dieser Theopoesie annähert, ihre Form gewissenhaft beachtet und darauf verzichtet, höher hinauszuwollen, weil sie sich stets des warnenden Beispiels des Dädalus bewusst ist. Theologie versucht, Gott so gut wie möglich zu beschreiben. Theopoesie strebt danach, bildhafte Ausdrucksformen für das zu finden, was uns unter dem Namen Gottes passiert. Das, was da passiert ist nämlich genau das, was mit »Reich Gottes« gemeint ist, das heißt das, was geschieht, wenn Gott herrscht, wie eine Welt aussehen könnte, wenn sie von Gott und nicht von den Mächten und Gewalten regiert wird. Theopoesie will also nicht den logos beschreiben, sondern sich dem Ereignis annähern, das im Namen »Gott(es)« wohnt. Das heißt auch, dass wir das Wort »logos« in der Theopoesie immer mit einer gewissen Ironie gebrauchen, so wie Paulus, wenn er vom »logos des Kreuzes« spricht, was für die griechischen Philosophen ein Rätsel und für die Spezialisten für Kreuzigungen total verrückt war. Man muss das riesige Paradox erkennen, dass in diesem Satz steckt und das eine bemerkenswerte Skepsis gegenüber dem ausdrückt, was in der Welt als logos gilt. Das war eindeutig gegen die gerichtet, die ihr Vertrauen auf einen starken Logos setzten, also die Philosophen von Korinth (während Johannes mit logos etwas ganz anderes meint).

Theopoetische Sprache ist auf das Unbedingte zugeschnitten und passt genau zu dem Ereignis, das unter dem Namen »Gott(es)« geschieht. Das Ereignis ist kein gewöhnlicher Logos. Es ist weder ein Wesen, dessen Existenz festgestellt werden muss noch eine Essenz, deren Eigenschaften identifiziert werden müssen noch etwas Gegenwärtiges, dessen Ansehen uns einschüchtern soll. Das Ereignis ist ein wenig verrückt, die Verheißung von etwas, was noch kommt, wobei jede Verheißung auch eine Drohung in sich trägt. Das Ereignis ist die Aussicht auf etwas, das im Kommen ist und das den Horizont der Gegenwart erschüttern, die Bedeutung dessen, was momentan Bestand hat, in Frage stellen und den bestehenden Mächten auf die Nerven gehen wird durch die unheimliche Aussicht, dass die Dinge auch ganz anders sein könnten. Das Ereignis ist kein *ens realissimum*, also nicht das »realste aller Wesen«; das Ereignis existiert nicht, es insistiert. Das Ereignis ist kein *ens necessarium*, kein notwendiges Wesen, sondern die Möglichkeit des Unmöglichen. Das Ereignis ist auch kein *ens supremum*, kein höchstes und souveränes Wesen, das alles mit grenzenloser Macht beherrscht. Das Ereignis ist der

Ruf des Unbedingten, der an uns ergeht, aber ohne Gewalt, weil die Torheit des Unbedingten bestenfalls eine schwache Kraft ist, ohne Armee oder ein großes Wesen, das es im Hintergrund absichert. Ein Evangelium ist eine gute Nachricht, die das Kommen des Ereignisses ankündigt – und wie anders sähe die Welt aus, wenn sie empfänglich für den Einfluss des Ereignisses wäre – vielleicht ...

Hegels »Vorstellung«

Historisch betrachtet ist Hegel der Wendepunkt für die Theopoesie. Hegel gelang der erste große Durchbruch, aber er hat nicht vollendet, was er begonnen hat, denn seine Theopoesie war nur ein Durchgangsstadium, das sich letzten Endes doch der aristotelischen Theologie unterordnete. Der Zauber des aristotelischen »Denkens, das sich selbst denkt«, ist der Schlüssel für Hegels Verständnis des Evangeliums. Hegel hat also die Tür zur Theopoesie geöffnet, aber nur halb. Aber immerhin: Wenn Tillich der Vater der radikalen Theologie ist, dann ist Hegel ihr Großvater. Wenn Tillich den Brandsatz an den Supernaturalismus gelegt hat, so konnte das nur geschehen, weil Hegel das Feuer dafür entfachte. Hegel war nicht der erste, wohl aber der wichtigste und einflussreichste Denker, der uns den Höhenflug des Höchsten Wesens ausgeredet hat und uns gezeigt hat, wie wir »Gott in der Höhe« in den Griff bekommen können. Wenn Tillich das Höchste Wesen, den höchsten, allmächtigen Gott der Religion als ein »nahezu blasphemisches und mythologisches Konstrukt« bezeichnet, als einen Götzen, von dem uns ein theologischer Atheismus befreit, und wenn er sagte, dass religiöses Reden von Gott »symbolisch« sei, dann hatte er Hegel und Schelling, dessen spätere Vorlesungen auch von Kierkegaard besucht wurden, im Hinterkopf. Sie alle ebneten den Weg zur postmodernen Theologie.

Der zentrale Schachzug Hegels, um den höchsten, allmächtigen Gott der klassischen Theologie zu schwächen, bestand darin, den üblichen religiösen Begriff von Gott als Höchstem Wesen, als machtvoll handelndem Vollbringer wundersamer Taten als *Vorstellung* zu bezeichnen. Die übliche englische Übersetzung dieses Begriffs ist »representation«. Das habe ich weiter oben als eine Art Ansichtskarte beschrieben, eine bildhafte Präsentation, die etwas Tieferes abbilden will. Indem Hegel so von Religion sprach, verhielt er sich anders als ein aufklärerischer Religionskriti-

ker, der versucht, die Religion außer Gefecht zu setzen. Mit seiner Idee der »Vorstellung« wollte er die Religion nicht ausmerzen, sondern sie in einer von Sympathie getragenen, wenn auch symbolischen und revolutionären Art *neu* denken. Hegel blieb der Auffassung, dass Religion nicht falsch sei. Sie ist keine Illusion. Sie ist nur noch ein bisschen grün hinter den Ohren, ein bisschen unwahr, noch nicht ganz die ausgereifte, entwickelte, ganze Wahrheit, noch nicht ganz bereit für die Hauptsendezeit der prima philosophia. Insoweit Religion existiert, muss sie auch wahr sein, andernfalls würde sie gar nicht existieren. Aber in der Religion sind Sein und Wahrheit noch nicht zur vollen Reife, noch nicht ganz zu ihrem Höhepunkt gelangt. [57] Eine religiöse Offenbarung ist laut Hegel eine Offenbarung der Wahrheit, aber nicht – so beschreibt er das in bildhafter Redeweise – eine von einem Höchsten Wesen vorgenommene Enthüllung von Wahrheiten, die für uns Sterbliche hier unten viel zu hoch sind. Eine Religion enthält eine Offenbarung, und eine solche Offenbarung ist ein Augenöffner, eine neue Erschließung der Wirklichkeit, eine neue Vision. Aber Religion tut das auf phantasievolle Weise, indem sie eine Bildergeschichte der Wahrheit malt und dazu Erzählungen, markante Zitate und dramaturgisch gestaltete Szenen verwendet, die spannende Filme abgeben würden – wie etwa Sommer-Blockbuster oder Zeichentrickfilme, die die Heldentaten von Superhelden darstellen – man denke nur an den Allmächtigen, der die Wasser des Meeres teilt. In dieser Hinsicht ist Religion wie ein Gedicht, aber sie ist nicht nur ein Gedicht, weil sie die Wahrheit auf tiefere Weise transportiert als ein Kunstwerk. Religion kommt dem innersten Kern der Wahrheit näher als Kunst. Religion beschreibt die absolute Wahrheit, indem sie ihr eine fantasievolle Form verleiht. Heutzutage kann man sich das wie einen Animationsfilm vorstellen, der auf Discovery Channel ausgestrahlt wird und der versucht, die Big-Bang-Theorie ganz ohne Mathematik darzustellen, wobei Hegel dann für die Mathematik (bzw. ihr Pendant) zuständig wäre – im Unterschied zu einem Zeichentrickfilm, der nur unterhaltsame optische Effekte bieten möchte.
Wenn man die politische Situation in einem etablierten christlichen Staat wie dem Preußen des 19. Jahrhunderts in Betracht zieht, musste

---

57 | Vgl. meine Ausführungen zur Wahrheit und hier besonders zu Hegels Begriff der Wahrheit in Caputo, *Truth*, Kap. 5.

Hegel all das mit einem gehörigen Maß an Diplomatie abpolstern. Religion, so sagte er, ist die absolute Wahrheit – was im Ministerium für religiöse Angelegenheiten mit Kopfnicken quittiert wurde – aber in der Form einer Vorstellung (wobei er hoffte, dass die Aufmerksamkeit der Minister sich an diesem Punkt anderen und dringenderen Angelegenheiten zugewandt hatte). Das war Hegels entscheidender Schachzug: Die klassische Theologie hatte eine Abgrenzung *nach Bereichen* zwischen den Einflusssphären des Natürlichen und des Übernatürlichen vorgenommen – bis hierher reicht die Vernunft, der Rest ist Glaube. Hegel verschob diese Grenze. Traditionell wurde unterschieden zwischen »rationaler Theologie«, also den beweisbaren Tatsachen, die die menschliche Vernunft hier unten erfassen kann, und »sakraler Theologie«, den übernatürlichen Glaubensdingen, die von einem Höchsten Wesen von ganz oben offenbart werden. Die Philosophen waren im Vorhof der natürlichen Theologie zugelassen, aber sie hatten gefälligst ihr rationalistischen Finger vom Heiligtum der sakralen Theologie wegzulassen.

Hegel widersetzte sich diesem Bann. Indem er Religion als bildhafte Vorstellung *(representation)* verstand, entmystifizierte oder entmythologisierte Hegel die klassische Idee einer sakralen Theologie – und das lag für ihn zutiefst im Interesse der Religion und der Philosophie. Ihm wurde klar, dass alles »Fleisch an den Knochen« in der »sakralen Theologie« zu finden war, v. a. in der Dreifaltigkeit und der Inkarnation, während der Rest größtenteils aus den Knorpeln und Knochen eines trockenen Rationalismus bestand. In Bezug auf die Dreifaltigkeit meint Hegel, dass die Philosophen der Aufklärung sich verwundert die Augen reiben und mit den Fingern auf Drei zählen, wie Menschen, die sich nicht in eine Metapher hineindenken können und deshalb darauf bestehen, sie wörtlich zu nehmen! Für ihn dagegen hängt alles davon ab, dass das Denken Zugang zur Offenbarung findet, und zwar nicht ein rationalistisch aufklärerisches, logisch-sezierendes Denken, das er »Verstand« nennt, sondern eine einfühlsamere, umfassendere und ganzheitlichere Art des Denkens, die er »Vernunft« nennt. Hegel vertritt also eine radikal andere Unterscheidung: nicht unterschiedliche Bereiche – der natürliche (hier unten) und der übernatürliche (dort oben), sondern unterschiedliche *Phasen* oder Modalitäten desselben, also verschiedene Stadien oder Grade der Intensität bei ein und derselben Realität, wie der flüssige, feste

und gasförmige Zustand derselben Substanz. All das konnte von einer umfassenderen und inklusiveren Art des Denkens erfasst werden.[58]
In der klassischen Theologie gibt es zwei Welten, die eine in Raum und Zeit und die andere in der Ewigkeit. Für Hegel gibt es nur eine Welt, aber sie manifestiert sich in unterschiedlichen und immer intensiver werdenden Stadien. Die Gesamtheit von allem, was ist, nannte er den absoluten Geist, aber dieser manifestiert sich in mehreren, genau genommen in drei, Graden von Klarheit. Wie bei der Dreifaltigkeit, dessen getreues Abbild seine Philosophie ist, kommt bei Hegel alles im Dreierpack daher. In der Sphäre des absoluten Geistes beinhaltet das Kunst, Religion und Philosophie. Religiöse Offenbarung geschieht im mittleren Bereich als Vorstellung. In der Religion offenbart sich uns der Geist in bildhafter Gestalt, die spiritueller als die Kunst, aber sinnlicher als die Philosophie ist. Wenn man sagt, Religion sei eine *Vorstellung*, dann sagt man damit, dass sie ein Werk bildhafter Imagination ist, also ihrer Bilder, Geschichten und liturgischen Formen, die in uns ein Gefühl der Solidarität mit dem absoluten Geist wecken. Aber sie hat auch einen spirituellen oder intellektuellen Inhalt; sie erleuchtet unser Leben. Religion ist der »Sabbat« unseres Lebens, der der Hektik unseres Alltags eine Stunde Frieden und Ruhe gönnt und uns dabei die Bedeutung der Welt und die Geschichte unseres Lebens erzählt. Ein Kunstwerk ist sinnlicher und kann eine spirituelle Bedeutung nur indirekt andeuten; der Geist ist so eher nur impliziert, während die Philosophie rein konzeptionell denkt und den Geist ganz direkt und sachgerecht vermittelt.
Nehmen wir zum Beispiel das Christentum, das für Hegel nicht nur ein Beispiel ist, sondern wirklich paradigmatisch, weil das Christentum Religion im besten Sinne des Wortes ist, die »vollendete« Religion, die vollkommene Offenbarung, für die alle anderen Religionen nur Vorläufer sind. Im Christentum kommt der ewige Logos (jetzt sprechen wir vom glorreichen Logos des Johannes, nicht vom gekreuzigten Logos des Paulus), der von Ewigkeit her präexistiert und in einer anderen Sphäre über den Himmeln wohnt, hinabsteigt in Raum und Zeit, geboren wird von einer Jungfrau, in eine Krippe gelegt wird, gewärmt vom Atem der Tiere, während Engel aus der Höhe Gott dem Höchsten das Halleluja singen. Das ist die großartigste aller »Vorstellungen«, eine tiefe und zugleich er-

---

58 | Meine Darstellung des Ansatzes von Hegel stammt aus Hegel, *Vorlesungen über die Philosophie der Religion*. Zum Begriff der Vorstellung vgl. S. 12–69.

habene Geschichte, die Geschichte aller Geschichten, die wahrste Geschichte, die jemals erzählt wurde. Kein Wunder, dass Hallmark Cards und Kaufhäuser in der ganzen christlichen Welt damit ein Vermögen verdienen und eine Jahreszeit des Schenkens und der guten Laune ausgelöst haben, die alle genießen. Hegel macht sich überhaupt nicht über diese Geschichte oder die Weihnachtsfreude lustig. Man sollte diese Geschichte nicht geringschätzen, weil sie wirklich die absolute Wahrheit ist – aber eben in der Form einer Geschichte. Sie ist das Unbedingte, das unter den Bedingungen einer Geschichte vermittelt wird. Abgesehen davon ist eine solche »Vorstellung«, die in eine Geschichte gefasst ist, die *einzige* Art, wie die meisten Menschen die absolute, unbedingte Wahrheit aufnehmen können. Die in der Religion ausgedrückte Wahrheit ist das, was gewöhnliche Menschen vom abolutem Geist begreifen können. Religion ist Philosophie für das Volk, ein wenig auf die gleiche Weise, wie heute für Menschen, die nur Sport im Kopf haben und die noch nie das örtliche Kunstmuseum von innen gesehen haben, der Sport ihre Art von Kunst ist, ihre Erfahrung von Schönheit der Form und der Bewegung – und vielleicht auch ihre Religion, angesichts der Leidenschaft der Fans für ihre Teams, die eine Art religiöser Fanatismus ist.

Metaphysik statt Senfkörner

Da es sich aber bei Religion um eine »Vorstellung« handelt, muss sie weiter voranschreiten; sie erfordert Denken: Religion muss tiefer durchdacht werden, um zu verstehen, was in den und durch die religiösen Bilder ausgesagt werden soll. Auch wenn Hegel sich nicht über Religion lustig macht, bleibt er doch nicht bei ihr stehen. Grab tiefer, denk darüber nach, was Religion uns in ihrer eigenen bildhaften und leicht zugänglichen Sprache sagen will. Wage zu denken, wie es die Aufklärung geraten hat – aber verwechsle Denken nicht mit dem engen und plumpen, die Logik aushebelnden »Denken«, das die Aufklärung mit ihrer »Kopf-ab-Kritik« an der Religion zu bieten hat. Durchdenke die Religion, aber mit einem Gespür für das, *was in der Religion geschieht*. Ich setze diese Worte in Kursivschrift, weil sie der Ausdruck sind, mit dem ich die Theologie des »Ereignisses« eingeführt habe, in der wir unterscheiden zwischen einem Phänomen und dem, was in einem Phänomen *geschieht*. Das ist die Crux an dem, was bei Hegel revolutionär ist: Die Dreifaltigkeit und die

Inkarnation sind ureigenste Themen der Philosophie, ja sogar ihre wichtigsten Themen, *aber* – und alles dreht sich um dieses »Aber« – die Philosophen müssen sich fragen, was in diesen und allen »Lehren« der »Offenbarung« geschieht.

Für Hegel ist das, was tatsächlich die ganze Zeit geschieht, das, was er »den sich entfaltenden abolutengeistnennt« nennt. Das hat eine gewisse Ähnlichkeit mit Tillichs »Seinsgrund«, die im Tiefsten zugrundeliegende Substanz der Realität, die sich selbst regelt und sich in Kunst, Religion und Philosophie »offenbart« und manifestiert. Für diejenigen, die in der Materie geübt und ihr intellektuell gewachsen sind, gibt es eine tiefere, ungekürzte Version der Geschichte in Originalsprache, eine tiefere Überlieferung, in der sich der absolute Geist in vollkommener begrifflicher Klarheit zeigt. Es gibt also sozusagen eine unbedingte Version des Unbedingten. Und dafür brauchen wir den Philosophen Aristoteles, nicht den Poeten Jesus. Wir brauchen Metaphysik statt Senfkörner. Der sich selbst denkende Gedanke ist das, was der Gedanke denkt, wenn er Religion gründlich durchdenkt.

Aber dem alten Griechen Aristoteles stellt der deutsche lutherische Christ Hegel die Inkarnation zur Seite: Der absolute Geist ist keine unwandelbare Form, die im Himmel ihre Kreise zieht, sondern er ist auf die Erde herabgekommen und hat menschliche Gestalt angenommen. Deshalb kann der abolute Geist sich nicht ganz für sich allein durchdenken, sondern nur in und durch menschliche Wesen, die das Absolute denken. Auf die gleiche Weise können auch wir menschlichen Wesen das Absolute nicht ganz für uns allein denken, sondern nur mithilfe eines konkreten Beispiels einer faszinierenden Persönlichkeit (Jesus), die eben nicht nur ein einzelner Mensch ist, sondern Intuition des Absoluten. Das Absolute denkt also sich selbst durch unser Denken des Absoluten. Das heißt: Der absolute Geit braucht uns genauso dringend wie wir den absoluten Geist. Das ist Philosophie, natürlich deutsche Philosophie – und ehrlich gesagt, auch wenn die Bescheidenheit ihm verbietet, das so auszudrücken, es ist Hegels Philosophie. Für Hegel wird das, was man am Sonntagmorgen in den Kirchen singt, unter der Woche in den Seminaren der Philosophischen Fakultät an der Berliner Universität erklärt, wo religiöse Bilder unzweideutig in Begriffen statt in Liedern und ohne Glockenklang und Wohlgerüche ausgelegt werden. Die Philosophie drückt das in konzeptionellem Denken aus, was in der Religion bildhaft ausgemalt oder »vorgestellt« wird und was in einer eher verhüllten und bewegenden Form auch in Kunstwerken verkörpert wird. Religion hat eine sinnliche Seite mit einem ausgeprägten Gespür für das Sein im Geist und eine konzeptionelle Seite (Theologie). Theopoesie wird durch Theologie, Theologie durch Philosophie ersetzt. In der Philosophie erhalten wir endlich den Code, um die Symbole richtig lesen zu können, die Kartenlegende, die wir brauchen, um die religiösen Legenden richtig deuten und schließlich religiöse Vorstellungen in die Realpräsenz metaphysischer Realität übersetzen zu können.

Bei solchen Ansprüchen verfiel Kierkegaard in nervöse Zuckungen. Man könnte meinen, so höhnte Kierkegaard, Gott sei in die Welt gekommen, um mit der deutschen Metaphysik einen Beratungsprozess über die Beschaffenheit des göttlichen Wesens zu vereinbaren. An diesem Punkt steht Tillich auf der Seite Kierkegaards und beide auf der Seite Schellings, der ein Kritiker Hegels war. Auch Tillich lehnte den Begriff eines absoluten Wissens ab. Für ihn ist der Seinsgrund ein in ein Geheimnis verpacktes Rätsel, und alles, was wir über ihn sagen können, ist immer symbolisch und niemals absolut. Nach Tillichs Auffassung wird es uns nie gelingen, in unbedingter Weise vom Unbedingten zu sprechen. Wir können niemals jedes Risiko ausschalten und uns von der Notwendigkeit, mutig zu sein, dispensieren. Es gibt in Hinblick auf das Unbedingte immer ein Mindestmaß an Torheit, eine göttliche Verrücktheit, die nicht wegzudenken ist.

Hör auf, wenn du in Führung liegst

Insgesamt bestand der Durchbruch Hegels, seine Theopoesie, darin, »Offenbarung« neu zu beschreiben als eine phantasievolle und suggestive Darstellung des Geistes – die uns zum Denken einlädt und dazu auffordert – und nicht als Ergebnis einer Offenbarung von ganz oben, deren gesetzten Grenzen die natürliche Vernunft gehorchen muss. Der Durchbruch bestand darin, zwischen diesen bildhaften Darstellungen und dem, was *in ihnen geschieht* zu unterscheiden. Das muss begriffen oder interpretiert werden, und genau das versteht man unter »Hermeneutik«. Der Durchbruch bestand darin zu erkennen, dass Religion Gestalt annimmt in Poesie (»Vorstellung«) und nicht als übernatürliches Eingreifen von ganz oben. Der Durchbruch bestand darin, den Bann der »Offenbarungsinhalte« der »sakralen Theologie« zu brechen, das Denken ins Heiligtum einzuladen und zu fragen: »Was passiert da?« Aber so sehr Hegel der Türöffner war, hat er dann seine Rockschöße in der Tür eingeklemmt. So sehr ich Hegel auch zu Dank verpflichtet bin und ohne unhöflich sein zu wollen, stimme ich Kierkegaard doch zu, dass Hegel hier übers Ziel hinausschießt. Ich kann Hegel nicht zustimmen bei der Frage, *was* da geschieht, nämlich meines Erachtens der Ruf des Unbedingten, also nicht absolutes Wissen, sondern die Verrücktheit des Rufs, der Einbruch des »Ereignisses«, d.h. die Verheißung/Drohung des Kommens dessen, was wir nicht kommen sehen können. Das ist es, was meiner Ansicht nach in der Religion und Theologie geschieht, nämlich die Verkörperung unserer Sehnsucht, nicht die Ausformung des absoluten Geistes. Das bringt diese Torheit, diese Prise Verrücktheit mit sich, die es dem Unbedingten erlaubt, unbedingt zu bleiben.

Die Aufgabe einer Theologie des Unbedingten ist eine zweifache: Zum einen muss sie das Geheimnis des Unbedingten schützen, es in seinem undefinierten Modus erhalten, um zu verhindern, dass es mit diesem oder jenem definierten Wesen oder Glauben identifiziert wird, seine infinitivische Offenheit zu bewahren und sich zu weigern, es auf eine definierte, endliche Sache zu reduzieren. Zum anderen ist es ihre Aufgabe, das Unbedingte im schwachen Modus zu halten, seine Schwachheit vor dem Sog zu schützen, der die Strömungen der Theologie unvermeidlich zur Macht, zum Pompösen, zum Autoritarismus hinzieht. Das, was geschieht, ist der *Ruf* von etwas Unbedingtem, wenn es so etwas gibt, die Torheit des Rufs, nicht »absolutes Wissen« des absoluten Geistes, was mit den Worten des Paulus eine der »Anmaßungen derer, die glauben, alles zu wissen« (1 Kor 27) ist. Ich setze eine Art Nicht-Wissen an die Stelle, an die Hegel das absolute Wissen der Philosophie setzt, Poesie anstelle der Metaphysik. An diesem Punkt stelle ich mich auf die Seite Tillichs und der ätzenden Bemerkungen, die Kierkegaard gegen Hegels Metaphysik vorbrachte. Metaphysik ist für mich immer wie Fahren unter Drogeneinfluss; sie ist eine Idee, die aus dem Ruder läuft, zwangsläufig einen Unfall verursachen und sich und andere dadurch in Gefahr bringen wird. An ihre Stelle setze ich die Hermeneutik der Erfahrung, in der wir dem Zufall und dem zutiefst Unvorhersehbaren ausgesetzt sind. Genau an diese Stelle hat Hegel noch unter dem Einfluss des Aristoteles eine klassische Theologie gesetzt, in der die Dinge letztlich von einer zugrundeliegenden Notwendigkeit und der Führung der Vorsehung gesteuert werden. In ihr findet das Unbedingte einen Ort – die Philosophie –, an dem es sich selbst unbedingt denken kann.

Mit anderen Worten: Meiner Ansicht nach hätte Hegel aufhören sollen, als er die Nase vorn hatte. Er hätte es bei der Charakterisierung der Religion in den Begrifflichkeiten einer »Vorstellung« belassen sollen. An dieser Stelle hätte er sehr verneinend und schweigsam werden und sich weigern müssen, ein weiteres Wort zu sagen oder einen weiteren Schritt zu gehen. Er hätte dem Beispiel des Sokrates folgen sollen, der sagte, jedes weitere Wort über das Gute solle ein andermal gesagt werden – ein »andermal«, das natürlich niemals kommt. Er hätte einfach anhalten und bei seiner Theopoesie bleiben sollen, anstatt zu versuchen, zum höheren Grund einer hohen Theologie vorzudringen. Hegel hat recht, wenn er sagt, dass uns die Religion geschenkt wurde, um uns das Unbedingte – das Ereignis – vorzustellen, aber wir schwachen Theologen wollen mit seinem nächsten Schritt nichts zu schaffen haben, mit dem, was er »Begriff«, »das absolute Wissen des aboluten Geistes«, den »sich selbst denkenden Gedanken« nannte. Das ist genau diese Trunkenheit am Steuer. Das einzige Absolute, das wir haben, ist die absolute Unvorhersehbarkeit der absoluten Zukunft, die Torheit des Rufs, der nach einer unbedingten Antwort verlangt. Hegels absoluter Geist hat immer noch den Beigeschmack der alten Allianz mit der hohen und mächtigen Redeweise der klassischen metaphysischen Theologie, was übrigens, bei aller Unterschiedlichkeit zwischen den beiden, auch auf Tillichs »Seinsgrund« zutrifft.

Ich setze also an die Stelle von Hegels Begriff und Tillichs Seinsgrund das unvorstellbare, nicht planbare Ereignis, das Kommen dessen, was wir nicht kommen sehen können, die Hoffnung auf eine Zukunft, von der wir auch hoffen, dass sie keine Katastrophe wird – und zugleich eine gehörige Portion Skepsis, noch irgendetwas darüber hinaus zu sagen. Wir stellen alles absolute Wissen, alle absoluten Begriffe, alle absoluten Geister fürs erste zurück. Wir beantragen, dass die Sitzung der Abteilung für absolutes Wissen auf unbestimmte Zeit verschoben wird. Anstelle der Anmaßungen der Metaphysik setzen wir eine schlichte Poesie, die unterschiedlichen und äußerst vielfältigen Wege, die uns offenstehen, um unserer Erfahrung des Unbedingten Gestalt und Form zu geben, sie in erzählerischer und bildhafter Weise, in Worten und Bildern, markanten Zitaten und dramatischen Szenen darzustellen. Genau das meinen wir mit der Theopoesie der Torheit Gottes. Religion ist ein Lied auf das Unbedingte, eine Weise, das zu besingen, was uns unbedingt in Anspruch nimmt. Aber was die Identifizierung dessen betrifft, was das Unbedingte *ist*, wenn es denn ist, bitten wir darum, uns zu entschuldigen. Das ist eine Hermeneutik, zu der niemand den Schlüssel, den Code, die Zeichenerklärung hat. Kunst, Religion und Philosophie – und auch Wissenschaft, Ethik, Politik und das tägliche Leben – also alles, was in der Kultur im weitesten Sinne geschieht – all das sind so viele unterschiedliche Weisen, mit der grundlegenden Ereignishaftigkeit des Lebens umzugehen, des Lebens in der Zeit, im Leben als Zeit, so viele Weisen, den Raum zwischen dem Bedingten und dem Unbedingten zu bewohnen.

Ich stelle mir die schwache Theologie als eine Art enthaupteten Hegelianismus vor, Hegel ohne Begriff, ohne absolutes Wissen; all diese großartigen deutschen Haupt-wörter werden einfach ent-hauptet und ihrer Großbuchstaben beraubt. Wir geben uns mit Religion in Kleinbuchstaben zufrieden, mit Religion als »Vorstellung«, deren endgültige Interpretation wir nicht haben, eine Religion, deren testosterongeschwängerte Anmaßungen zurechtgestutzt oder beschnitten wurden, so dass ihnen die Möglichkeit fehlt, das, was uns in der Religion ruft und sich rufen lässt, in starken konzeptionellen Begriffen darzulegen. Die »Vorstellung« reicht bis ganz unten, Interpretationen gibt es endlos viele, was zu einer »radikalen Hermeneutik«[59] führt – und dementsprechend zu einer radikalen oder schwachen Theologie, die über keinerlei Begriff verfügt und dies auch gar nicht will. Denn jeder derartige Begriff würde nicht nur das bunte Spiel der religiösen Diskurse und Praktiken zum Stillstand bringen, sondern auch das kulturelle Leben ganz allgemein. Religion und Kunst sind Weisen, das Unbedingte in Wort und Gestalt auszudrücken; aber das Unbedingte existiert nicht, es insistiert. Das Unbedingte ist weder ein absoluter Geist noch ein Seinsgrund, sondern eine geisterhafte Erscheinung, die die real existierende bedingte Welt nicht in Frieden lässt. Statt mir also die Religion als Sabbat des Lebens, als einen Tag der Ruhe und der Zuflucht vorzustellen, sehe ich sie eher als eine geisterhafte Erscheinung, die in unserem Leben herumspukt, die unsere Her-

---

59 | Diesen Ausdruck verwende ich manchmal, um mein Projekt zusammengefasst zu beschreiben, seit ich *Radical Hermeneutics* veröffentlicht habe.

zen unruhig macht und sie rund um die Uhr in Alarmbereitschaft versetzt, also ein »Nicht-Sabbat«, der uns weder Ruhe noch Frieden gönnt. Den einzigen wirklichen Frieden gibt es, wenn wir unter der Erde liegen, *requiescat in pace*, während im Leben hier unter den Lebenden die Geister der Vergangenheit und der absoluten Zukunft herumspuken.

Der Zauber, der von den Evangelien ausgeht, ist nicht theologischer, sondern theopoetischer Natur. Schwache Theologie ist also Theopoesie, die Poesie dessen, was im Namen »Gott(es)« geschieht. Mit Poesie meine ich hier ein ganzes Bündel von Metaphern und Umschreibungen, Erzählungen und Liedern, Gleichnissen und Paradoxien, Gedichten und rätselhaften Aussprüchen, überwältigenden Bildern und großartigen Geschichten, rhetorischen Strategien und verneinenden Reden, strategischen Verdrehungen und verrückten Kehrtwenden, all das zu dem Zweck, ein Gespür für das Ereignis zu wecken, distanzierte Beobachter aus der Reserve zu locken und sie in die Auseinandersetzung hineinzuziehen. Poesie ist die angemessene Art, über das Ereignis zu reden, weil das Ereignis keine Form oder Struktur ist, die dargelegt werden müsste, keine Wesenheit oder prestigeträchtige Präsenz und auch nicht einer der Machthaber dieser Welt. Ein Ereignis ist nicht ein Sein in der Zeit oder außerhalb der Zeit, sondern ein Sein, das durch die Zeit aufgeschreckt wird. Es beugt sich nicht einer objektivierenden Rede und hat nichts mit einem »Objekt« zu tun, das von einem »Subjekt« repräsentiert wird, wie Tillich es in dem Text ausdrückt, der den Anstoß zu dieser Abhandlung gab. Theopoesie ist nicht eine Wissenschaft der Präsenz oder von etwas, das es in der Gegenwart gibt, sondern eine Poesie des Unbedingten. Sie ist nicht Ontologie, sondern »Spukologie«. Theopoesie steht für etwas, das keinen richtigen Namen hat, denn Namen sind Nominative, während Poesie etwas ins Wort bringt, das im Kommen ist, etwas Infinitivisches; mit anderen Worten: jeder Nominativ muss umgestaltet werden in den Modus von etwas, das »im Kommen« ist, wie z. B. eine Demokratie-im-Kommen oder auch ein Gott-im-Kommen. Es genügt nicht einmal zu sagen, dass es vom Nominellen ins Verbale übergeht, denn damit landen wir wieder bei einer Prozess-Metaphysik. Damit setzen wir nämlich nur die Vorstellung des Aristoteles vom Sein als Substanz oder stabile Präsenz (*ousia*) in den Takt der Zeit um. Demgegenüber greift Theopoesie auf jedes infinitivische, adverbiale und präpositionale Mittel zurück, das ihr zur Verfügung steht. Als Weckruf, der durch eine Provokation hervorgerufen wird, dreht sich in der Theopoesie alles um einen Ruf (*vocare*). Gott existiert nicht, Gott ruft nach Existenz.

Die Torheit Gottes besteht darin, dass Gott ein unbedingter Ruf ist, aber ohne Armee, die ihn absichert. Die Torheit Gottes besteht darin, dass Gott nicht existiert, sondern insistiert. Die Torheit Gottes besteht darin, dass er nicht an der Existenz festhält, sondern in einem anonymen Ruf aufgeht, einem Ruf, der uns in Unsicherheit darüber lässt, wer oder was ruft, wozu aufgerufen und woran erinnert wird. Unsere Torheit besteht darin, einem Ruf zu folgen, dessen Herkunft unklar, dessen Botschaft dunkel, an den die Erinnerung verblasst ist. Es ist die Torheit, einem unbedingten, aber unsicheren Ruf zu folgen, bei dem es an uns liegt zu entscheiden, wozu aufgerufen wird. Das erfordert von uns, dass wir nicht nur vor diesem Ruf, sondern auch für diesen Ruf verantwortlich sind.

Das Reich Gottes

In der Bibel läuft die Torheit Gottes unter dem Namen Reich Gottes. Das Reich Gottes beschreibt, wie die Welt aussähe, wenn das Ereignis, das uns im und unter dem Namens Gottes in Anspruch nimmt, die Herrschaft übernähme. Das Reich ist die Welt, die sich dem Ereignis, dem Ruf des Ereignisses, dem Ereignis des Rufes, der Torheit dessen, wozu aufgerufen wird, aussetzt. Der Zauber des Evangeliums besteht darin, dass es unter dem Bann eines Rufs verfasst wurde, der nach dem Kommen des Reiches verlangt, der den Armen und Gefangenen eine frohe Botschaft verkündet und ein Gnadenjahr des Herrn ausruft (Lukas 4,18). Die Evangelien sind die Theopoesie des Rufs, eine frohe Botschaft, eine gute Nachricht, nicht etwa eine Nachrichtensendung. Es sind Lieder, die zur Erinnerung an Jeshua und über seine Verheißung gesungen werden. Sie singen von der Wiederkunft dessen, der schon einmal gekommen ist; ihr vorletzter Vers heißt: »Komm!« (Offb 22,20). Es sind Lieder, die das Reich Gottes besingen, dessen Kommen er angekündigt hat. Es ist einfach ein literarischer Irrtum, ein hermeneutischer Anfängerfehler, sie als Versuche einer möglichst akkuraten Wiedergabe vergangener Geschichte zu verstehen. Und es ist schlichtweg ein historischer Irrtum und ein Anachronismus, sie wie Biographien im modernen Sinn zu behandeln. Es sind nämlich keine historischen Berichte, sondern Loblieder. Sie stellen nicht vergangene Geschichte dar, sondern singen von einer Verheißung und von einer Erinnerung, von einem Ruf und einer Rückbesinnung, von einem Ereignis; und sie sagen »Komm!« zum Kommen dessen, was sie nicht kommen sehen.

Die Glücklichen! Denn schließlich, und das sollte uns zu denken geben, ist es nicht gekommen – und das war nicht schlimm! Tatsächlich hat niemand daran gedacht, etwas niederzuschreiben bis zu dem Zeitpunkt, als ihnen langsam dämmerte, dass das, was im Kommen ist, lange auf sich warten lassen würde (und wir warten ja immer noch). Tatsächlich hängt das, was wir »Christenheit« nennen, stark davon ab, dass es *nicht* kommt, vom Aufschub seines Kommens – bis Gott weiß wann! Wie es der wegweisende katholische Neutestamentler Abbé de Loisy (1857–1940) ausdrückte: Die ersten Christen warteten auf Jesus, aber was sie stattdessen bekamen, war die Kirche! Wenn also Jeshua und Paulus tatsächlich apokalyptische Denker waren, hat sich herausgestellt, dass sie falsch lagen. Die Kirche, so drücke ich das gern aus, war Plan B.[60] Jeshua rief ein Gnadenjahr des Herrn für die Juden aus – und es wurde immer schlimmer. Vierzig Jahre nachdem Jeshua das Kommen des Reiches Gottes und das Gnadenjahr des Herrn verkündet hatte, wurde der Tempel zerstört, die Juden zerstreut, und die Herrschaft Roms war gefestigter denn je. Das ist der sehr gut nachvollziehbare Grund, warum die Juden alles andere als überzeugt waren, dass Jeshua der lang erwartete Messias war. Das bedeutet, dass die Evangelien entweder auf einer schrecklichen Fehlkalkulation beruhen und wir die Zahlen noch einmal neu berechnen müssen – oder dass das Gnadenjahr des Herrn keine Frage der Kalkulation und der genauen mathematischen Berechnung ist. Wir zählen immer wieder und kommen nie auf fünfzig. Was für eine seltsame Zahl ist das denn? Was für eine verrückte Rechnung! Diese pfingstliche Zahl Fünfzig des Gnadenjahrs ist wirklich eine außerordentlich seltsame Zahl – so seltsam wie die Logik des Logos des Kreuzes oder die Herrschaft von etwas Unbedingten ohne eine Armee, die seine Anordnungen durchsetzt. Wie viele »Beweise« brauchen wir eigentlich noch um zu erkennen, dass Gott, der Name Gottes, das, was im Namen »Gott(es)« geschieht, mit Poesie zu tun hat, nicht mit der Metaphysik eines Höchsten Wesens?

---

60 | Caputo, *What Would Jesus Deconstruct?* 31–35.

Die Evangelien sind ebenso wenig Vorhersagen über die Zukunft wie Berichte über die Vergangenheit; sie besingen das Ereignis und feiern es. Sie sind Poesie, eine Theopoesie, die uns unter dem Namen Gottes unbedingt in Anspruch nimmt. Das erklärt auch, warum die Herrschaft Gottes, die die Evangelien beschreiben, so wenig herrschaftlich daherkommt. Sie zeichnen das Bild einer auf den Kopf gestellten Welt – einer ganz und gar verrückten Welt, noch verrückter als das Fest des verrückten Hutmachers, bei dem die ersten die letzten und die drinnen draußen sind und bei dem die Sünder bevorzugt behandelt werden. Genau das sind die Dinge, die unter dem Namen »Gottesherrschaft« geschehen. In diesem Reich wird die starke Logik einer hohen und mächtigen Theologie ersetzt durch die verrückte Logik einer Theopoesie, einer Narrenlogik (*morologia*), die, wie ich ganz zu Beginn sagte, in der Logik des Kreuzes in 1 Korinther 1 aufgegriffen wird. Dort sagt Paulus, dass die Schwachheit Gottes stärker ist als die Stärke der Menschen und dass Gottes Torheit stärker ist als menschliche Erkenntnis. Das ist der Appell des Reiches Gottes, d. h. die Torheit des Rufes, die in den Evangelien durch die Jahrhunderte klingt, das, was von uns Besitz ergreift, ganz egal, wie genau oder ungenau die Evangelien in Bezug auf Tatsachen und auf Mathematik auch sind. Wenn wir nach dem Kommen des Reiches rufen, dann geschieht das, weil dieses Reich in den Evangelien vorher schon nach uns ruft – das Reich ruft uns zu einer Lebensweise auf, die verrückt ist in Hinblick auf Gerechtigkeit und Vergebung, komme, was wolle, selbst bis in den Tod.

Die einzige Logik des Reiches Gottes ist die Narrenlogik des Kreuzes, die einzige Macht ist die machtlose Macht des Erbarmens und der Versöhnung und die einzige Herrschaft ist die Unbändigkeit einer chaotischen Welt. Die Poesie des Reiches Gottes bedeutet die paradoxe, gleichnishafte Para-Logik des Reiches Gottes, die Unlogik eines ironischen Reiches. Die Torheit dieses Reiches konnte nur den Spott und die Beunruhigung derer provozieren, die tatsächlich das Reich regieren, die das real existierende Königreich leiteten, dasjenige mit einer Armee, das existiert, während das »Reich-im-Kommen« ja insistiert. Im Vergleich mit dem *Imperium Romanum*, jenem Reich, mit dem nicht zu spaßen war, dem Reich mit aller realen Macht, waren das »Reich Gottes« und die Stärke der Schwachheit Gottes ein Witz, wenn auch ein Witz, den das Imperium nicht auf die leichte Schulter nahm. Aber dieser Witz, diese Ironie, die reine Torheit dieses Reiches, waren sehr subversive und gefährliche Gegner der Machthaber dieser Welt. Wie war das möglich?

10. Braucht das Reich Gottes eigentlich Gott?

Gehen wir mal davon aus, dass ich es geschafft habe, dass ich Sie von der Idee einer um das Höchste Wesen herum aufgebauten hohen und mächtigen Theologie abgebracht habe. Auch wenn dem so ist, ist es noch zu früh zum Feiern. Denn das führt uns nur wieder auf das paradoxe Problem zurück, das sich aus dieser Argumentation ergibt: Das »Reich« Gottes bedeutet ja Gottes »Herrschaft« (*basileia, regnum, imperium*). Damit wird beschrieben, wie die Welt aussehen würde, wenn Gott unser Pilot wäre, wenn er das Steuer in der Hand hielte, wenn die Welt Gottes Herrschaft unterworfen wäre und er uns unsere Feinde als Schemel unter die Füße legen würde. Das Problem, dem sich meine Hypothese stellen muss, ist die Tatsache, dass die Rede vom Reich Gottes zweifellos hohe und mächtige Rede ist. Das Reich Gottes bedeutet, dass zur rechten Zeit (*kairos*) Gott ins Geschehen eintritt und die Kontrolle übernimmt – und dass die Mächte und Gewalten zerstreut und in die Knie gezwungen werden, so dass sie bereuen, jemals so dumm gewesen zu sein, es mit dem Allmächtigen aufnehmen zu wollen. Das Kommen des Reiches Gottes bedeutet, dass sich das Blatt wendet, dass es jetzt die Welt ist, die dumm dasteht und dass Gott alle Trümpfe in der Hand hält.

Es sei denn, dass dem nicht so ist.

Es sei denn, die »Herrschaft« Gottes ist eine Art göttlicher Ironie, eine Art des Herrschens, die nicht auf Macht und Gewalt setzt.

Es sei denn, die Angelegenheiten dieses Reiches werden der Logik des Kreuzes entsprechend geregelt.

Es sei denn, das Reich Gottes ist Torheit aus dem Blickwinkel der Machthaber dieser Welt – genau das behauptet Paulus ja in 1 Korinther 1.

Es sei denn, dieses Reich ist in Anbetracht dessen, was in der Welt als »Reich« zählt, Verrücktheit – so wie ein winziges Senfkorn, das zu einem gewaltigen Baum heranwächst.

Das ist der Punkt: Wir haben nichts in der Hinterhand, wir bauen auf eine schwache Kraft bis ganz unten. Da gibt es kein Folgekapitel, in dem wir alles zurückbekommen und sagen können, dass letztendlich – und wahrscheinlich schon sehr bald – die Feinde Gottes niedergeworfen werden. Wenn nicht hier, dann im Jenseits, aber letztendlich werden wir gewinnen. In der Welt geht es immer ums Gewinnen, auch und ganz besonders im Namen der Religion, in der die Torheit Gottes wie ein

Spielzug in ein göttliches Schachspiel integriert wird, mit dem die Welt auf der ganzen Linie ausgetrickst werden soll.

Ich behaupte, dass wir auf andere Weise vom Reich und von Gott sprechen, wenn wir von der Torheit Gottes, vom Namen Gott(es) reden: von etwas Unbedingtem ohne Machtanspruch, einer schwachen Kraft ohne unterstützende Heerscharen, die auf die machtlose Macht des Kusses und nicht auf die Macht des Schwertes baut. Wir sprechen von einer anderen Art von Reich, einem Königreich ohne König im Sinne der Welt, nicht einem Reich, in dem die Welt dem mächtigen Arm des Allmächtigen unterworfen ist, der gekommen ist, um die Welt in Ordnung zu bringen, sondern einem Reich, dass unter der sanften Herrschaft des Unbedingten steht, ohne Macht in dem Sinn, wie die Welt Macht kennt. Wir sprechen hier nicht vom Gewinnen und wir benutzen Schwachheit nicht als Strategie in einem Spiel, in dem Gott am Ende den siegreichen Spielzug macht. Im Licht einer solchen ironischen Herrschaft, einer so wenig königlichen und herrscherlichen Herrschaft, zeigt sich, dass das Bild des Menschensohnes, des königlichen Richters, der kommt, um die Völker zu richten, nur eine weitere dieser nahezu blasphemischen und mythologischen Vorstellungen ist. Denn es reduziert das Unbedingte auf etwas Bedingtes in der Welt, versteht es wörtlich und fügt es ein in einen sehr weltlichen Krieg gegen die Mächte und Gewalten, unter die sich auch der Menschensohn einreiht, und zwar als endgültiger Sieger.

Das heißt, um auf unsere Leitfrage zurückzukommen und ganz ehrlich diese »Kröte zu schlucken«, dass die Torheit Gottes, die Torheit des Reiches Gottes, Gott gar nicht braucht. Das Höchste Wesen würde sogar alles kaputtmachen. Aber – und alles hängt von den folgenden Worten ab – das ist nicht das Ende des Reiches Gottes, sondern sein Anfang; es heißt nicht, dass es gar nichts gibt unter dem Namen »Gott(es)«. Dieser heilsame theologische Atheismus in Bezug auf das Höchste Wesen bedeutet nicht das Ende des Reiches Gottes; er räumt nur ein Missverständnis aus. Er schafft nicht die Botschaft des Evangeliums ab, sondern räumt das falsche Verständnis des Evangeliums aus und bewahrt das, was gut ist an der Guten Nachricht. Er öffnet die Tür dafür, das Kommen des Reiches Gottes nicht als machtvolles Geschehen zu begreifen – und auch dafür, Macht anders zu verstehen, die Macht Gottes oder auch die aller anderen, nämlich als die machtlose Macht von etwas Unbedingten, das ohne Macht, wie die Welt sie versteht, auskommt.

Dein Reich komme

Um dieser Problematik näherzukommen, stellen wir uns die Frage: Wenn wir beten »Dein Reich komme«, bitten wir dann das Höchste Wesen darum, in die Geschichte einzugreifen, uns zur Hilfe zu kommen und hier unten in Raum und Zeit etwas zu tun, etwas geschehen zu lassen? Bleibt also für uns alles in der Schwebe und wir warten weiter auf eine Antwort, die zu allem Überfluss auch noch jahrhundertelang ausbleibt? Liegt darin das Geheimnis, dass das Reich Gottes zu irgendeinem zukünftigen Zeitpunkt kommt, den allein das Höchste Wesen kennt? Ich habe versucht, dieser mythologischen Sichtweise das Leben so schwer wie möglich zu machen. Wir brauchen keineswegs das Höchste Wesen der Theologie, das kommt, um uns zu retten, im Gegenteil: Das Kommen dieses Reiches würde dadurch sogar verhindert. Wenn dieses Höchste Wesen plötzlich aufkreuzen würde in all seiner Herrlichkeit, umgeben von seinen Engeln auf dem Thron der Herrlichkeit sitzend, während die Völker vor ihm versammelt werden (Mt 25,31–32), dann wäre das eine schlechte Nachricht, die schlechteste überhaupt. Das würde nämlich das Ereignis verhindern, das im Namen »Gott(es)« wohnt. Die Herrschaft Gottes muss andersartig sein, muss etwas Anderes sein. Das Kommen des Reiches ist nicht ein Termin, der im kosmischen Kalender für einen zukünftigen Zeitpunkt eingeplant ist, sondern der Ruf eines Ereignisses. Das Reich Gottes kommt nicht in Form eines dramatischen kosmisch-theologischen Eingreifens in die Geschichte von ganz oben. Die Fünfzig des Gnadenjahrs ist keine Zahl, es ist ein Gebet. Die Torheit Gottes ist nicht einfach eine kluge Strategie und auch keine Vorgehensweise, sich nachts ins Lager der Feinde zu schleichen, um sie zu überrumpeln.

Die Torheit des Reiches Gottes besteht darin, dass dieses Reich unbedingt, aber ohne Macht ruft, ohne die Macht, seinen Ruf durchzusetzen oder diejenigen, die darauf antworten, zu belohnen oder ihnen zu drohen. Das Reich Gottes ist ein Aufruf. Als Rufender und Aufruf zugleich ist dieses Reich auch das, wozu – in mittlerer Tonlage und unter dem Namen »Reich Gottes« – aufgerufen wird. Das Kommen dieses Reiches ist der Ruf, die Verheißung von etwas, das im Kommen ist, während unser »Komm!« die Antwort darauf ist, die Hoffnung, das Gebet, der Traum von einer Art zu leben, die aus sich heraus anziehend und nicht von oben erzwungen ist. Das Reich Gottes wächst mitten aus der Welt; es kommt nicht von oben auf uns herab. Das Reich Gottes ist in uns; es ist nicht eine mächtige Kraft, die von außen eingreift. Das Reich Gottes ereignet sich unter dem Impuls der Ereignisse, die schon darin pulsieren und wird nicht von einer unsichtbaren starken Hand von oben geleitet. Das Reich Gottes ist immer im Kommen, aber es ist nicht ein zukünftiger Zustand. Es wirbt schon hier und jetzt für eine neue Lebensform, die schon begonnen hat und schon mitten unter uns ist, die schon um uns wirbt.

Das Reich Gottes ist überall dort zu finden, wo den Vertriebenen Zuflucht gewährt wird und wo Hungrige gespeist werden, wo Arme getröstet und Gefangene besucht werden. Das Reich Gottes kommt hier und jetzt, insofern, als wir hier und jetzt schon dem schwachen Einfluss seines Lockens ausgesetzt sind, auch wenn es immer erst im Kommen ist. Dieses »im Kommen« bezeichnet nicht eine zukünftige Gegenwart, sondern die schwache Kraft eines Rufes nach etwas, das im Kommen ist. Dieses »im Kommen« gehört nicht zu einer bestimmten Zeit im Kalender, sondern zum verrückten Uhrwerk der messianischen Zeit. Das Reich Gottes wird nicht von oben regiert, sondern baut sich von innen her durch den unbedingten Ruf auf, auf den es die Antwort ist; genau so ist das »In-der-Welt-Sein« des Reiches beschaffen, genau so ist das Unbedingte erfahrbar. Die Herrschaft Gottes ereignet sich in Form der sanften Provokation der Poesie – ohne eine unterstützende machtvolle metaphysische Theologie; ohne einen höchsten Herrscher, der ein himmlisches Heer kriegerischer Engel aussendet, um uns zu helfen; ohne eine apologetische Theologie, die Gottes Herrschaft gegen ihre Kritiker verteidigt; ohne ein weltweites System von Theologenschulen und -seminaren, die dafür da sind, die Logik des Reiches auszuarbeiten und seine Abgesandten auszubilden und in Dienst zu nehmen. Die Herrschaft Gottes ist eher widerspenstig, eher waffenlos, eher wie etwas völlig Verrücktes.

Das Reich Gottes, das, *was in diesem Reich geschieht*, ist die schwache Kraft des Ereignisses, dem es Worte und Taten verleiht. Das Reich Gottes kommt und ruft; es kommt, indem man nach ihm ruft; es kommt mit der schwachen Kraft des Unbedingten, wenn es so etwas gibt. Es wird getragen von der Insistenz eines Ereignisses, das unbedingt ruft und nach einer unbedingten Antwort verlangt, aber ohne die Macht des Zwangs. Das Reich Gottes bringt die Anziehungskraft des Rufenden, des Rufs und des Gerufenen in uns zum Klingen, aber nicht wie eine Trompete, die den Vormarsch eines Heeres ankündigt. Dieses Reich nimmt in der

Theopoesie des Jeshua Gestalt an, in der Erinnerung und der Verheißung dessen, was er gesagt und getan hat, in seinen Worten von bedingungsloser Vergebung, von Barmherzigkeit für die Geringsten unter uns, von Freiheit für die Unterdrückten, von einer guten Nachricht für die Armen und vom Kommen eines Gnadenjahrs des Herrn. Das Reich Gottes kommt dadurch, dass wir den Ausgestoßenen eine helfende Hand reichen, mit Außenseitern zu Tisch sitzen, Lahme heilen, Blinde sehend machen und die Dämonen austreiben, von denen wir alle besessen sind. Wir haben es uns zur Aufgabe gemacht, der Logik des Kreuzes, der Verrücktheit und der Schwäche zu folgen, mit anderen Worten einer Logik, die Gott einfach Gott sein lässt, nicht mehr und nicht weniger, wobei »lassen« bedeutet, dass das ohne unser Zutun geschieht, und »sein« auf das abzielt, was ganz ohne Sein unbedingt ist. Bisher war damit gemeint, den Gott der hohen und mächtigen Theologie sich abschwächen zu lassen in die Poesie des Ereignisses, das in dem Namen »Gott(es)« wohnt. Wenn wir uns jetzt weiter von der Logik der Schwäche leiten lassen, dann lassen wir auch zu, dass Gott sich abschwächt zum Reich Gottes und dass das Reich Gottes sich abschwächt zur Welt, in der Gott sein Zelt aufgeschlagen hat.

Die Torheit des Reiches Gottes ist der Kern dessen, was Phänomenologen als Lebenswelt bezeichnen, d. h. eine Lebensform mit einer eigenen praktischen Logik; oder dessen, was der späte Heidegger als »Weltwerden der Welt« bezeichnet, also die Art und Weise, wie die Welt sich entfaltet als eine Welt von Himmel und Erde, von Gottheiten und sterblichen Menschen; oder dessen, was Theologen als »Sakrament der Welt« bezeichnen, in dem die sichtbare Welt unter dem schwachen, aber beharrlichen Druck des Ereignisses, eines unsichtbaren, aber unbedingten Rufs Konturen annimmt. Die innere Logik des Reiches Gottes ist die Unlogik, die Torheit des Kreuzes. Seine Dynamik liegt in der Bewegung hin zu einem sich selbst entäußernden Verzicht auf die höchste Macht eines Höchsten Wesens zugunsten der machtlosen Macht von Erbarmen und Mitleid. Das Reich Gottes braucht keinen königlichen Bevollmächtigten, es braucht, ja es erträgt keine Absicherung, keine Fundierung, keinen Grund, keine Ursache, kein Ziel, kein Wirtschaftssystem, weil all das es untergraben würde. Das Reich Gottes ist der verrückte Ruf des Unbedingten aus dem Mund eines Fremden, der Anruf, der vom Körper eines Aussätzigen oder von der Not der Armen und Gefangenen ausgeht.

Die Torheit besteht darin, dass dieses Reich von all dem *und von nichts anderem* getragen wird, weil jedes Mehr ein Zuviel wäre, ein Machtspiel, das seine zarten Netzwerke zerreißen würde, ein Gewinnspiel, das das Reich Gottes auf eine Belohnung für Wohlverhalten reduziert. Die »Gottesherrschaft« kann nicht die Herrschaft einer allmächtigen und souveränen Macht bedeuten, sondern die widerspenstige und nicht königliche Herrschaft einer schwachen Kraft, die durch eine gewisse heilige Ohnmacht und göttliche Verrücktheit gekennzeichnet ist. Die Herrschaft dieses Reiches begründet keine Hierarchie, sondern eine heilige Anarchie. Schließlich ist ja die Ikone für Gott im Reich Gottes ein zu Unrecht gekreuzigter Mann, der seinen Mördern vergab und dessen Jünger sich im Augenblick höchster Gefahr in alle Winde zerstreuten. Eine größere Torheit gibt es gar nicht. Das Reich Gottes, dessen Kommen er verkündet, wird nicht von einer Machtdemonstration gestützt, sondern von einer quasi unsichtbaren und schwachen Kraft.

Das Zeugnis, auf das ich mein Plädoyer aufbaue, ist die Torheit des Unmöglichen. Das Kommen des Reiches Gottes läuft auf die Möglichkeit des Unmöglichen hinaus. Das darf ausdrücklich *nicht* verwechselt werden mit wörtlich genommenen Wasserwandel-Zaubertricks, die von einem Über-Wesen vorgeführt und von Augenzeugen berichtet werden, die vermutlich darauf aus waren, einen genauen historischen Bericht zu verfassen. Das ist nahezu blasphemisch und mythologisch, der Stoff, aus dem Superhelden und Sommer-Blockbuster gemacht sind. Das ist der Glaube der Kleingläubigen, derer, die diesem Reich Gottes nicht recht trauen oder es gar nicht erst wollen, es sei denn es gäbe hinter all dem eine verborgene göttliche Allmacht, die all das geschehen lässt und die sicherstellt, dass am Ende die Gerechten belohnt und die Ungerechten bestraft werden und dass die Freunde Gottes gewinnen. Der Beweis für die Möglichkeit des Unmöglichen liegt nicht darin, dass es existiert, sondern gerade, dass es dies nicht tut, dass es ohne Existenz insistiert, dass es uns unablässig ruft im Bemühen um das Kommen dessen, was nicht kommt, wie z. B. das Gnadenjahr des Herrn. Wie verrückt ist das denn? Wir kommen nie auf die Fünfzig, wenn wir anfangen zu zählen, wie lange es noch bis zum Gnadenjahr des Herrn dauert. Wie lange, oh Herr, wie lange? Für immer, für alle Zeiten, so lange die Zeit besteht, so lange die Zukunft noch im Kommen ist und wir nicht sehen können, was kommt, solange wir rufen werden: »Komm!« Das kommende Reich ist strukturell betrachtet immer ein Reich im Kommen. »Dein Reich komme« ist ein immerwährendes Gebet, das der real existierenden Welt keine Ruhe lässt.

Die Insistenz des Reiches Gottes

Das Reich Gottes existiert nicht; es insistiert. Das Kommen dieses Reiches darf nicht verwechselt werden mit einem vergangenen, gegenwärtigen oder zukünftigen Zustand. Es ist keine existierende Vergangenheit, Gegenwart oder Zukunft. Das Reich Gottes existiert nicht – es ruft. Es ist die Torheit eines unbedingten Rufs – eines Aufrufs, unbedingt zu leben, unbedingte Barmherzigkeit, Gastfreundschaft und Vergebung zu üben. Es wäre mythologisch und nahezu blasphemisch, es wörtlich zu nehmen im Sinne eines existierenden Zustands, eines Geschehens, das an einem bestimmten geographischen Ort festzumachen oder zu einer bestimmten Zeit im Kalender zu terminieren ist. Wenn es um das Kommen des Reiches Gottes geht, dann ist jedes Land Heiliges Land und jeder Tag ein heiliger Tag. Denken Sie an das jüdisch-protestantische dekonstruktivistische Prinzip, dass nichts Bedingtes dem Druck des Unbedingten standhalten kann, dass das Unbedingte nicht auf solche speziellen Bedingungen beschränkt werden kann. Das Reich Gottes mit einem bestehenden Zustand zu identifizieren, mit etwas, das in der Zukunft existiert und das zu irgendeiner Zeit und an irgendeinem Ort kommen wird, wenn Gott seine Herrschaft aufrichtet und die Mächte der Welt erschüttert werden, wirkt auf dieses Reich mindestens ebenso zerstörerisch wie alle Attacken kaltherziger Atheisten. Die Mythologen des Reiches Gottes höhlen es von innen aus, während es die Atheisten von außen angreifen. Es wäre die schlimmste Form der Mythologisierung des Reiches, es als reales *imperium* anzusehen, das von den Mächten und Gewalten eines hohen und mächtigen Wesens, eines Höchsten Wesens regiert wird, das die Vorherrschaft über die Mächte der Welt beansprucht. Das hieße, das Spiel der Mächte und Gewalten mitzuspielen. Darauf kann die richtige religiöse und theologische Antwort nur ein heilsamer Atheismus sein, dem es wirklich um das Reich Gottes geht.
Es ist keineswegs so, dass ich nicht auch Geschmack an wirklich Existierendem und den realen Fakten fände. Ganz im Gegenteil: Wenn Sie sich an die Fakten halten wollen, freue ich mich, diesem Wunsch zu entspre-

chen. Die Fakten, die den historischen Jesus beschreiben, verlieren sich weitgehend im Nebel der Geschichte – und sie sind immerhin neblig genug, dass man eine Zeitlang ernsthaft darüber diskutierte, ob er überhaupt gelebt hat. Der Versuch, diesen Nebel mit der Sonne des »Christus, an den wir glauben«, wegzubrennen, entspricht dem historischen Konstrukt einer »Vorstellung«, das dringend überdacht werden muss. Das wiederum erfordert Institutionen, in denen das Recht, jede Frage zu stellen, keine Fiktion, sondern Fakt ist und in denen es dich nicht gleich deinen Job kostet, wenn du zu viele Fragen stellst. Der Weg von Nazareth nach Nizäa ist ein Konstrukt, das dringend Dekonstruktion braucht.[61]
Ich liebe es, mich an die Fakten zu halten, mein Ohr auf den Boden zu legen und dem Nachhall dessen zu lauschen, was damals durch diese schwer fassbare Gestalt des Jeshua geschah, der schon lange tot ist und seitdem niemals zurückkehrte – außer auf die Weise, in der Geister immer zurückkehren, indem er nämlich eine aufrüttelnde Botschaft über das kommende Reich Gottes zu verkünden hatte. Wenn Sie sich an die Fakten halten, werden Sie bald erkennen, dass Gott Geist ist und dass dieser Geist das Phantom eines Ereignisses ist. Sich in Geist und Wahrheit an Gott zu halten bedeutet, den phantomartigen Charakter dieser Wahrheit (Joh 4,24) zu respektieren und nicht etwa das Ereignis mit einer nackten Tatsache zu verwechseln.

Das Reich Gottes bezieht seine Kraft nicht aus einer Armee, sondern aus einem Ereignis, und dieses Ereignis existiert nicht, sondern es insistiert, während unsere Antwort auf dieses Ereignis das einzige ist, was wirklich existiert. Das meine ich mit der Aussage, dass es an uns liegt, ob Gott existiert; das ist der Grund, warum Gott das Reich Gottes braucht. Gott wartet auf uns, wir sollen das ergänzen, was am Leib Gottes noch fehlt; wir sollen den Faden aufnehmen, wo Gott ihn losgelassen hat. Gott braucht uns, um seiner Insistenz Existenz zu verleihen und das, wozu uns das Reich Gottes aufruft, wahr werden zu lassen. So sehr wir auch von den theologischen Ansätzen, die vom »Tod Gottes« sprechen, lernen können – ihr Dienst an der Theologie besteht darin, unsere Aufmerksamkeit wieder neu auf das Sakrament der Welt zu lenken – eine Theologie des Unbedingten bedeutet auch, Geburtshilfe zu leisten bei dem, was Meister Eckart die »Gottesgeburt« nennt. Wie Meister Eckart möchte

---

61 | Vgl. die hervorragende Übersicht über die Entstehung des Christentums in Vermes, *Vom Jesus der Geschichte zum Christus des Dogmas.*

ich den Fokus der Gott-ist-tot-Theologie wieder mehr auf das Leben ausrichten. Ich behaupte, dass unsere Antwort, unsere Existenz, die Wahrheit des Reiches Gottes ist, die Weise, wie dieses Reich wahr wird, und nur so »kommt sein Reich«, wenn es denn kommt. Das Kommen des Reiches Gottes ist seine Verwirklichung in uns, in unserer Antwort. Die Wahrheit des Reiches Gottes ist eine Existenz, an der Gott seine Freude hat, er freut sich an dem Ereignis, das in seinem Namen geschieht.
So wie Theologie zur Theopoesie wird, wird Theopoesie zur Theopraxis. Theologie schwächt sich ab zur Theopoesie und Theopoesie wird zur Theopraxis. Das Abnehmen des Logos ist das Zunehmen der Praxis. Das bedeutet, dass die Schwachheit Gottes unsere Stärke braucht, damit Gott vollständig wird. Die Torheit Gottes besteht darin, so viel von uns abhängig zu machen. Die Torheit Gottes erfordert unseren Mut, alles auf Gott zu setzen. Das Unbedingte braucht unsere Kraft, auf das zu antworten, was an uns unter den spezifischen Bedingungen, in denen wir uns befinden, appelliert. Das Reich Gottes ist Ruf, Anruf, immer schon Erinnerung – alles andere liegt an uns. Es gibt keine Garantie. Nichts sagt uns, dass es schon nicht zum Schlimmsten kommen wird. Keine unsichtbare Hand sichert ab, dass es gut ausgeht. Keine Vorsehung leitet uns wie ein Schiff in den sicheren Hafen. Nichts spricht dafür, dass die Guten triumphieren und die Bösen ihre bösen Wege bereuen oder bestraft werden. Das Ereignis bedeutet das Kommen dessen, was wir nicht kommen sehen und nichts sagt uns, dass alles gut ausgehen wird. Wenn wir um das Kommen seines Reiches beten, üben wir uns in der Hoffnung.

Kostbare, völlige Verrücktheit

Das Reich Gottes wird am besten verwirklicht, ja, es ist sogar die einzige Art es zu verwirklichen, indem man sich an die prägnant formulierte, herausfordernde Erzählung bei Matthäus hält:

»Herr, wann haben wir dich hungrig gesehen und dir zu essen gegeben, oder durstig und dir zu trinken gegeben? Und wann haben wir dich fremd gesehen und aufgenommen, oder nackt und dir Kleidung gegeben? Und wann haben wir dich krank oder im Gefängnis gesehen und dich besucht?«
(Mt 25,37–39)

Der Text beschreibt die Werke der Barmherzigkeit mit geradezu erbarmungsloser Einfachheit – wenn wir die Hungernden speisen und ihren Durst stillen, wenn wir die Nackten bekleiden, die Fremden willkommen heißen, die Gefangenen besuchen und uns um die Kranken kümmern. Was mich an diesem Text interessiert, ist die Tatsache, dass all diese Werke auf schwache – oder verrückte – Weise getan werden. Damit meine ich, dass es keinerlei tieferen Grund oder zu erreichenden Zweck gibt, keinen kategorischen Imperativ und kein göttliches Gebot, keinerlei Verheißungen oder Drohungen. Falls hier eine Belohnung winkt, so wird sie streng geheim gehalten. Diese Werke werden bedingungslos vollbracht. Liebe existiert nicht, Liebe ruft. Liebe ist eine schwache Kraft, keine von den Mächten und Gewalten, die mit Repressalien drohen, wenn ihre Forderung nicht beachtet wird und die andernfalls Belohnung versprechen. Die Werke der Nächstenliebe werden »ohne Warum« getan, wie es die Mystiker ausdrücken, und zwar aufgrund der Tatsache, dass Liebe immer »ohne Warum« ist[62]. Wenn Liebe wirklich Liebe ist, dann hat sie nichts in der Hinterhand. Wenn man zwei Menschen fragen würde, warum sie sich lieben, was sie sich von dieser Liebesaffäre versprechen, dann wären sie verwundert. Jede Antwort, die sie versuchen würden, wäre ein Zirkelschluss, denn letztendlich könnten sie nichts anderes sagen, als dass Liebe eben Liebe ist. Die Werke der Nächstenliebe, die Werke der Liebe zum anderen, sei er Freund oder Feind (*hostis*), werden getan, ohne dass man irgendetwas anderes im Blick hat, ohne das Wissen um einen tieferliegenden, motivierenden Grund. Sie stellen im wahrsten Sinne des Wortes ein Geschenk dar, das ohne Bedingungen gegeben wird, ohne die Erwartung von Belohnung oder die Angst vor Strafe. Sie sind wirklich kostbare, völlige Verrücktheit.

Erinnern Sie sich an unsere obengenannten Ausführungen zum Streichquartett auf der Titanic, das angesichts der drohenden Katastrophe dennoch seine herrliche Musik weiterspielte. Die Musik würde das Schiff nicht wieder flottkriegen; sie spielten wirklich grundlos, ohne eine Be-

---

62 | Dieser Ausdruck wurde zuerst von Mystikern aus dem Rheinland geprägt und gewann Einfluss auf das zeitgenössische Denken durch einen Vers von Angelus Silesius, *Cherubinischer Wandersmann*, 1. Buch, Nr. 289. Er wurde von Heidegger in *Der Satz vom Grund*, 68 ff. kommentiert. Man findet ihn in Meister Eckhart, *The Complete Mystical Works of Meister Eckhart*, 110. Es ist anzunehmen, dass Eckhart ihn wahrscheinlich in Porete, *Der Spiegel der einfachen Seelen*, gefunden hat. Die Beziehung zwischen Heidegger und Eckhart war das Thema meines ersten Forschungsprojekts: *The Mystical Element in Heidegger's Thought*.

lohnung zu erwarten. Dieses Beispiel hilft uns, den weiten Bogen der Torheit des Reiches zu beschreiben, so dass sie nicht mit Religion im engeren Sinne verwechselt oder auf sie beschränkt wird. Alle derartigen Handlungen sind Torheit, wie Paulus es ausdrückt. Für Aristoteles sind sie *kalon*, schön und edel. In Derridas Begrifflichkeiten sind sie Geschenk, nicht der Austausch von Wirtschaftsgütern, oder wie Deleuze es ausdrückt, die Art und Weise, wie wir uns der Ereignisse, die uns zustoßen, würdig erweisen. Für Lyotard werden sie getan, ohne dass man im Geringsten etwas von irgendeiner spektakulären Geschichte weiß, in der sie eine fest umrissene Rolle spielen.

Was für eine »spektakuläre Geschichte« eigentlich? Gemeint ist die nahezu blasphemische und mythologische Story, die Liebe zu einer der Mächte und Gewalten macht, zu einer starken Kraft in der Welt, die uns unsere Feinde als Schemel unter die Füße legt. Oder die Geschichte vom Kommen des »Menschensohns«. Bevor dieser Ausdruck von den griechischsprachigen Anhängern Jesu uminterpretiert wurde, bedeutete er schlicht und einfach einen Menschen aus Fleisch und Blut, einen sterblichen Menschen, einen von den Nichtsen und Niemanden dieser Welt, an die Paulus in Korinth schrieb (1 Kor 1,25). Aber zu Zeiten von Matthäus 25 war der Menschensohn eine der mythologischen Kräfte, der Machthaber, der Mächte und Gewalten, ein hohes und mächtiges Wesen, das kommen sollte, um die Nationen zu richten und die Schafe von den Böcken zu scheiden.[63] Wenn dieser königliche Richter – das haben sie aus dem besiegten, gekreuzigten Jeshua gemacht! – kommt, dann wird er den Gläubigen sagen, dass ein großer Schatz auf sie wartet, dass sie sich die Eintrittskarte in das Reich Gottes als Belohnung dafür verdient haben, indem sie die Werke der Barmherzigkeit getan haben. »Wie das?«, werden die Barmherzigen berechtigterweise fragen, denn sie hatten an so etwas ja gar nicht gedacht. Diese Menschen waren hungrig, durstig, nackt, krank und im Gefängnis – und das war alles, nur das zählte. Sie hatten keine andere Absicht. Sie ließen sich von der Notlage dieser Menschen betreffen, mehr brauchte es nicht. Der Ruf ruft, unbedingt, aber ohne Gewalt. Sie hätten einfach gehen können, aber sie haben reagiert. Warum? Es mag sich ein wenig verrückt anhören, aber sie entschieden sich dafür, lieber zu lieben als es nicht zu tun. Wenn es tatsächlich etwas

---

63 | Vgl. Crossan, *Jesus*, 75–80.

verrückt war, dann war es die Verrücktheit des Reiches Gottes. Darüber hinaus gibt es keinen weiteren »Grund«. Wenn Liebe einen Grund hat, wenn sie von aller Verrücktheit befreit und einfach nur sinnvoll ist, kann man sicher sein, dass das, was da passiert, irgendetwas anderes als Liebe ist.

Welche Notwendigkeit besteht, welche Not treibt uns dazu, noch irgendetwas darüber hinaus zu sagen? Warum sollte man das verstärken, erweitern oder ihm mehr Gewicht, Schlagkraft und Macht verleihen? Warum noch mehr hinzufügen? Was gäbe es da überhaupt hinzuzufügen? Aber die Religion kann halt der Versuchung nicht widerstehen, einen Profit herauszuschlagen. Alles hängt davon ab, wie wir die bekannte Antwort des königlichen Richters verstehen: »Was ihr für einen dieser Geringsten, die zu meiner Familie gehören, getan habt, das habt ihr für mich getan.« (Mt 25,40). Wenn man das auf die schwache Weise versteht und im Modus der Torheit und unter der Bedingung des Unbedingten belässt, so ist das der Anfang, die Mitte und das Ende. Es gibt dazu nichts mehr zu sagen. Die Gestalt Jesu steht für Solidarität mit denen, die von den Mächten dieser Welt unterdrückt werden, mit den Geringsten unter uns. Jesus ist das Abbild der Nichtse und Niemande dieser Welt, die das Zeichen Gottes, der Schwachheit Gottes auf ihrer blutig geschlagenen, aber ungebeugten Stirn tragen. Diese geplagten Menschen *sind* der Leib Gottes und die, die auf ihre Nöte reagierten, haben das ergänzt, was am Leib Gottes noch fehlt. Das ist alles! Ein guter Geschichtenerzähler zeichnet sich dadurch aus, dass er weiß, wann eine Geschichte zu Ende ist und er nicht weiterreden sollte. Die Barmherzigen antworten auf den unbedingten Ruf, der von diesen geschundenen Leibern ausgeht, und sie lassen das Reich Gottes so Wirklichkeit werden, lassen es geschehen an den Leibern der Hungrigen, Nackten und Gefangenen und verleihen dadurch diesem insistierenden Ruf tatsächliche Existenz in einer brutalen Welt. Seht, wie sie einander lieben! Wie? Ohne Warum. So kommt das Reich Gottes. Punkt. Aus. Schluss.

Aber der Erzähler dieser Geschichte bekommt ganz große Augen vor lauter Profitgier. Er hat größere Ideen und will eine noch spektakulärere Geschichte erzählen. Für den Autor von Matthäus 25 lässt sich da noch ein größerer Gewinn herausschlagen, nicht nur den des Ereignisses, der Verrücktheit des Reiches Gottes, das ohne Warum liebt, sondern ein *realer* Gewinn, der vom *ens realissimum* kommt, ein realer himmlischer Gewinn. Diese einfältigen Barmherzigen sind sich dessen offenbar nicht bewusst, aber der Autor will sie von dieser Unwissenheit befreien, wie jemand, der plötzlich vor unserer Tür steht um uns die gute Nachricht zu bringen, dass wir von einem Verwandten, von dessen Existenz wir gar nichts wussten, ein Vermögen geerbt haben. Seid doch nicht dumm, sagt der Autor dieser Story, hier lässt sich viel Profit herausschlagen. Die Unschuld dieser Werke der Barmherzigkeit ist Gold wert! Diese Werke werden so eingefügt in eine große kosmische Story, sie werden Teil einer gewaltigen kosmischen Heilsökonomie, in der diese barmherzigen Taten einen beträchtlichen himmlischen Wert bekommen. Für den Erzähler dieser grandiosen Geschichte vom Gericht über die Nationen ist das Reich Gottes nicht *in* diesen Taten zu finden, sondern wird als Belohnung *für* diese Taten gewährt. Das Reich Gottes kommt als himmlische Belohnung dafür, dass man die Hungrigen gespeist hat. Aber damit nicht genug: Jede Abrechnung beinhaltet Soll und Haben. Wenn wir nämlich auf die Währung dieses himmlischen Reiches zu sprechen kommen, dann gibt es immer noch eine andere Seite der Medaille: Was ist mit denen, die die Bedürftigen nicht beachtet haben? Die Geschichte weist auch ihnen einen Platz zu, einen verfluchten Platz, denn sie sind »die Verfluchten« und werden zum »ewigen Feuer« verurteilt (Mt 25,41). Dort erleiden sie unvorstellbare Qualen, von denen sie nur der Tod erlösen könnte und natürlich ist deshalb diese Qual schlimmer als der Tod und wird durch die Unmöglichkeit zu sterben noch verschärft. Anders als Jeshua, der Meister der Vergebung, ist dieser königliche Richter ein Meister der Vergeltung, der die Sünder mit seinem unendlichen Zorn überschüttet.

Spätestens jetzt ist diese Erzählung von den Werken der Barmherzigkeit, die ursprünglich ohne jegliches Wissen um verheißene Belohnungen oder Strafe vollbracht wurden, pervertiert zu einem großen Wirtschaftsplan, einer »nahezu blasphemischen und mythologischen« Erzählung von königlichem Lohn für die Barmherzigen und unbarmherziger Bestrafung für diejenigen, die die Werke der Barmherzigkeit nicht getan haben. Der Menschensohn zieht in die Schlacht gegen die Mächte und Gewalten und wird so einer von ihnen, der seine Überlegenheit über sie dadurch beweist, dass er sie an Groll und Zorn sogar noch übertrifft. Der Wein der Werke der Barmherzigkeit wird verwandelt in das Wasser einer Handelsware. Die Verrücktheit des Reiches Gottes stellt sich als der vernünftige Weg zum ewigen Lohn heraus. Denn *wenn man diese Geschichte gehört hat,* ist ihre ursprüngliche Unschuld zerstört. *Wenn man diese Geschichte gehört hat,* wird die Nachricht sich wie ein Lauffeuer unter den Barmherzigen verbreiten: *Seid doch nicht dumm!* Speist jeden Hungrigen, der euch über den Weg läuft – die Belohnungen sind unglaublich, die Strafen unerträglich! Der Menschensohn kommt und sitzt auf einem Thron himmlischer Wirtschaftspläne, als Hauptbuchhalter der Schafe und Böcke, als Verwalter von Soll und Haben, als Kassenbeamter von Lohn und Grausamkeit. Und das alles »aus Liebe! Sollte man's glauben?« – spottet Nietzsche.[64] Kein Wunder, dass Nietzsche der Meinung war, die Logik des Kreuzes sei eine ziemlich erbärmliche Verkleidung des Grolls. Das Reich Gottes wird in eine Transaktion eingefügt, in der es als Belohnung eingesetzt wird. So verstanden korrumpiert das Reich Gottes letztendlich die Werke der Liebe und verkauft diese Taten des bedingungslosen Erbarmens für dreißig himmlische Silberlinge.

Demgegenüber schwächt sich in der schwachen Theologie in ähnlicher Weise, wie Gott sich zum Reich Gottes abschwächt, das Reich Gottes zu den Werken der Barmherzigkeit ab. In einer Theologie des Unbedingten verdienen die Werke der Barmherzigkeit nicht als *Belohnung* das Reich Gottes, sondern die Werke der Barmherzigkeit *sind* das Reich Gottes. Die grundlegende – nahezu blasphemische, mythologische – Korruption des Reiches Gottes in der Darstellung des Autors von Matthäus 25 besteht darin, beides zu verwechseln. Das Reich Gottes ist das Reich des Unbedingten, das Reich derer, die in dieser Szene als erste auf einen unbedingten Ruf antworten, auf den Ruf, der um ein Glas kühles Wasser für den Fremden oder um Hinwendung zu den Kranken bittet, auf diesen völlig bedingungslosen Ruf. Mit dem Aufkommen des Neuplatonismus wird dieser himmlische Heilsplan mit seiner präkopernikanischen Kosmologie Teil eines metaphysischen Dualismus zwischen Zeit und Ewigkeit, Körper und Seele, diesem und einem anderen Leben, dem Hier und dem Jenseits. Die Ewigkeit ist der Lohn für die Zeit, ewiges Leben die Belohnung dafür, dass man die Herausforderungen des Lebens in dieser Zeit bestanden hat. Die gute Nachricht besteht darin, dass diese verschwitzten, schmutzigen und bedürftigen Leiber, die dem Hunger, der Kälte und Nacktheit ausgesetzt sind, die alt und krank werden und ster-

---

64 | Nietzsche, Zur Genealogie der Moral. Zweite Abhandlung, Abschnitt 21, Derrida kommentiert diesen Text am Ende von *Den Tod geben*, 439.

ben, jetzt gegen unverwesliche Leiber eingetauscht werden können. Schwachheit wird umgetauscht in Stärke; jedes Leid wird in der Münze ewiger Freude zurückgezahlt; jede Träne wird gezählt und auf dem Konto der Ewigkeit verbucht; diesen armseligen, verweslichen Leib kann man upgraden zu einem wartungsfreien unverweslichen mit (ewiger) lebenslanger Garantie. Das Leben wird in Zahlung genommen für ein Leben nach dem Tod – manchmal sogar bereitwillig; die Sehnsucht nach dem Martyrium ist nämlich ein uraltes Problem – sie kalkuliert die Vereinbarungen dieses Deals, der da auf dem Tisch liegt, ein, nämlich, dass der Tod die Eingangstür zum ewigen Leben ist. Religion findet diese Heilsökonomie unwiderstehlich. Sie kann diesem Gedankengang, der Verlockung von Macht und Endsieg nicht widerstehen, in dem die Feinde als Schemel unter unsere Füße gelegt werden, der Versuchung des finalen siegreichen Boxhiebs. »Tod, wo ist dein Sieg?« (1 Kor 15,55) Das ist die Religion, die Lacan verzweifeln lässt: Wir fallen immer wieder auf sie herein, sie *gewinnt* immer.

Mag sein, dass sie gewinnt, aber dabei verliert sie alles, was es wert ist zu besitzen. Denn sie macht das Ereignis, zu dem die Evangelien aufrufen und an das sie erinnern, zum Gespött – zu einem nahezu blasphemischen und mythologischen Gespött. Oder besser gesagt: Das Ereignis macht sie zum Gespött. Gott, der Name Gottes, das Ereignis, das im Namen »Gott(es)« wohnt, ist ein Aufruf dazu, ein unbedingtes Leben zu führen, ein Leben, das auf einen unbedingten Ruf antwortet, ohne ihn zu überhöhen und ihn zu einem der Mächte und Gewalten zu machen, ohne ihn den Bedingungen eines Höchsten Wesens zu unterwerfen – und vor allem ohne ihn in so zynische Bedingungen wie in der Geschichte vom Gericht über die Nationen in Matthäus 25 einzuspannen. Dort erweisen sich die Kinder des Lichts als schlauer als die Kinder dieser Welt. Denn ist es nicht deutlich schlauer, in himmlische Güter zu investieren, die mottensicher sind und nicht rosten, als sich für kurzfristige Gewinne, die in kürzester Zeit verrosten, ewige Qual einzuhandeln? Der Verfasser von Matthäus 25 macht aus der Torheit Gottes schlicht und einfach Unsinn!

Genug gesagt

Genau deshalb behaupte ich, dass das Interesse der Theologie, ihre eigentlichen Interessen, nicht beim Höchsten Wesen liegen. Was ist in solchen Texten wie Matthäus 25 so furchtbar schiefgegangen? Das Ereignis wird pervertiert durch die mythologische und nahezu blasphemische Vorstellung von einem Höchsten Wesen, einem Superhelden, der ewige Deals aushandeln, ewige Belohnung an seine (ich entschuldige mich jetzt nicht wegen dieser geschlechtsspezifischen Ausdrucksweise) Freunde und ewiges Leid an seine Feinde verteilen kann; einem einschüchternden Tyrannen, der denen, die sein fragwürdiges Agieren in Frage stellen, ins Ohr schreit: »Wo wart ihr, als ich Himmel und Erde erschuf?« (eine Frage, bei der die moderne Physik den Spieß schon längst umgedreht hat, so dass wir uns mehr und mehr fragen: Wo warst denn eigentlich Du?) Sobald wir das Unbedingte als Figur in einer Geschichte einbauen, müssen wir auch seine charakterlichen Schwächen in Kauf nehmen. Wenn man dann zu dieser mythologisierenden Personifizierung noch die unwiderstehliche Versuchung hinzunimmt, diese Super-Persönlichkeit, die einem doch ganz gewiss ihr Ohr leiht, mit der eigenen Person zu verwechseln und sich für befugt zu halten, in ihrem Namen zu sprechen, dann hat man eine wirklich explosive Mischung. Die Pervertierung einer Theologie des Unbedingten, indem man sie zu einer hohen und mächtigen Theologie eines Super-Wesens aufbläht, ist im Interesse von niemandem, sei es Gott, Mensch oder Tier. Das Reich Gottes wird vom Treibstoff des Unbedingten angetrieben: die Torheit bedingungslos gegebener Geschenke, einer Gastfreundschaft, die nicht zuerst den Fremden taxiert, der an meine Tür klopft; die Torheit zu vergeben, ohne im Voraus festzulegen, was derjenige, der mich verletzt hat, tun muss, damit er die Vergebung verdient hat. Wenn man sich die Vergebung erst verdienen muss, dann hat diese Vergebung nichts mit Geben zu tun. Dann ist sie einfach ein Deal, so wie eine Bank Schulden nur dann erlässt, wenn man jeden Cent, den man ihr schuldet, bezahlt. Und wenn Banken »Geschenke« verteilen, wollen sie einem nur etwas verkaufen!

Die Unbedingtheit des Rufes hat seine Reinheit zum Zweck, und das beinhaltet auch, ihn reinzuhalten von Existenz und ihn in seiner Nicht-Existenz zu belassen. Er ist rein nicht in der Art der Reinheit eines christlichen Neuplatonismus, sondern in der Art der Reinheit unbedingter Insistenz, einer hermeneutischen Reinheit, der Reinheit, die einem Ruf angemessen ist, der insistiert, aber nicht existiert, der Reinheit reiner Torheit. Rufen Sie sich das protestantisch-jüdisch-dekonstruktivistische Prinzip und seinen zweifachen Aufruf ins Gedächtnis:

1. Verwechseln Sie nie das Bedingte (Dekonstruierbare) mit dem Unbedingten (nicht Dekonstruierbaren). Verwechseln Sie nie den unbedingten Ruf mit der überhöhten Existenz einer Wesenheit, die ruft. Es ist der Kern mythologischen Denkens, von einer aus der Höhe ordnenden Macht irgendwo da draußen auszugehen. Bewahren Sie den Ruf in seiner nicht-existierenden Unbedingtheit.
2. Denken Sie daran, dass wir in all dem die Rolle des *justus et peccator* spielen, des Sünders und durch den Glauben Gerechtfertigten zugleich. Wir tun nichts anderes, als Gott Gott sein zu lassen. Wir sind keine großartigen machtvollen autonomen Subjekte, die die Macht haben, Gott zu schwächen. Wir sind angeklagt (*accused*) im Akkusativ, dazu aufgerufen zu antworten. Autonom Handelnde sind von der Aufklärung geschaffene optische Täuschungen, ebenso wie das Höchste Wesen eine Täuschung des Lichts der Offenbarung ist.

Die Jünger konnten ihren »Herrn« deshalb nicht sehen, weil der Name des Herrn nicht der Name eines sichtbaren existierenden Wesens ist, sondern eines unsichtbaren, nicht existierenden, unbedingten Rufs, der von den Leibern der Hungernden, Durstigen und Gefangenen ausgeht. Selig sind, die nicht sehen und doch glauben. Messias ist nicht der Name eines Superhelden, der kommt, um zu belohnen und zu bestrafen. *Wir* sind das messianische Volk, *wir* sind die, auf die die Toten gewartet haben. *Wir* sind die, auf die Gott gewartet hat. *Wir* sind die, die zur Stelle sind, aufgerufen, herausgerufen, zum Handeln berufen.

Das Reich Gottes braucht Gott nicht. Zumindest dann nicht, wenn der Name Gottes der Name für das Höchste Wesen ist, denn dann würde alles pervertiert, was das Reich Gottes ausmacht. Wir müssen zulassen, dass Gott, der Name »Gott(es)« sich abschwächt zum Namen eines Ereignisses, eines unbedingten Rufs, zur Verrücktheit eines Rufs, ein unbedingtes Leben zu führen. Gott ist es, also der Name der leisen, sanften Stimme eines insistierenden Rufs, der das Reich Gottes braucht, der die braucht, die dieses Reich in Wort und Tat wahr werden lassen. Das Reich Gottes ist eine sich selbst regelnde Komplexität, die in mittlerer Tonlage geschieht, in und unter dem Netzwerk von Bedingungen, für das Derrida den Kunstbegriff *différance* verwendete. Das Reich Gottes kreist innerhalb dieser Quasi-Systeme von Kräften, mit seinen eigenen inneren Impulsen. Es pulsiert im Pulsschlag des Ereignisses und wird nicht von oben regiert. Wir wiederum müssen uns dieses Ereignisses würdig erweisen, das uns in und unter diesem Namen widerfährt. Das Reich Gottes funktioniert ohne eine es stützende Vorsehung, ohne eine *prima causa*, ohne einen, der ultimativ seinen Heilsplan durchsetzt, ohne eine unterstützende Metaphysik, die es in den Rahmen einer grandiosen kosmischen Geschichte setzt. Der Ruf ruft so leise, ohne den Raumklang eines kosmischen Verstärkers. Er ist eine ganz eigene Lebensweise, eine Art des In-der-Welt-Seins. Der Ruf wird übertönt durch die laute Logik der Theologie und die Rechtfertigungen der Apologetik, durch den Pomp und die Einschüchterung einer göttlichen Gebots-Akustik, durch die Börsenmakler der Ewigkeit, die uns ihre Angebote für ewiges Leben aufdrängen wollen. Der Ruf ruft nur mit den Mitteln der stillen und leisen Aufforderungen einer Theopoesie.

Der Ruf ruft. Er ruft durch die Leiber der Hungrigen, Nackten und Gefangenen, er erinnert uns an den Leib des Gekreuzigten und löst dabei Funken einer Antwort aus, ein kurzes Aufflackern von Lichtern, die in der Dunkelheit verschwinden.

Der Ruf ruft. Der Ruf ruft nach einer Antwort, die erfolgen kann oder auch nicht. Gott insistiert, während die Existenz unsere Sache ist. Der Ruf ist kein mächtiger Geist, sondern ein sanftes Streben, die sanften Seufzer eines Vielleicht. Der Ruf ist kein mächtiges Wesen, sondern ein Möglicherweise. Der Ruf ist kein Seinsgrund oder das Sein allen Seins, sondern ein Kann-Sein. Das, was kommt, ist die Möglichkeit des Unmöglichen, das wir mit einem Sehnen über alles Sehnen hinaus ersehnen, mit der ganzen Verrücktheit des Reiches Gottes, in dem die einzige Herrschaft die widerständige Herrschaft bedingungsloser Geschenke ist. Der Ruf ruft. Bedingungslos. Wir lieben, weil wir lieben, mit der ganzen glückseligen Verrücktheit der Liebe. Was gibt es sonst zu sagen? Die ursprüngliche negative Theologie besteht darin zu wissen, wann man still sein sollte, wann Schweigen der wahre Lobpreis ist (*silentium tibi laus*).

»Herr, wann haben wir dich hungrig gesehen und dir zu essen gegeben, oder durstig und dir zu trinken gegeben? Und wann haben wir dich fremd gesehen und aufgenommen, oder nackt und dich bekleidet? Und wann haben wir dich krank oder im Gefängnis gesehen und haben dich besucht?« (Mt 25,37–39).

Gute Frage. Genug gesagt.

Bibliographie

Anselm von Canterbury, Proslogion/Anrede, lat.-dt., ed. Robert Theis, Stuttgart 2005.
Augustinus, Bekenntnisse, üb. v. Kurt Flasch / Burkhard Mojsisch (Hg.), Stuttgart 2008.
Walter Benjamin, Über den Begriff Geschichte (Werke und Nachlaß. Kritische Gesamtausgabe, Bd. 19), Berlin 2010.
Peter Brown, Introduction, in: Augustine, Confessiones. Trans. F. J. Sheed, Introduction by Peter Brown, Indianapolis 1970.
Rudolf Bultmann, Jesus Christus und die Mythologie. Das Neue Testament im Licht der Bibelkritik, Hamburg 1964.
John D. Caputo, The Mystical Element in Heidegger's Thought, Athens 1978. (Revised, paperback edition with a new Introduction: New York 1986.)
Ders., Heidegger and Aquinas. An Essay on Overcoming Metaphysics, New York 1982.
Ders., Radical Hermeneutics. Repetition, Deconstruction, and the Hermeneutic Project, Bloomington 1987.
Ders. / Jacques Derrida, Deconstruction in a Nutshell. A Conversation with Jacques Derrida. Edited with commentary, New York 1997.
Ders., The Weakness of God. A Theology of the Event, Bloomington 2006.
Ders., What Would Jesus Deconstruct? The Good News of Postmodernity for the Church, Grand Rapids, MI 2007.
Ders., Truth. The Search for Wisdom in the Postmodern Age, London 2013.
Ders., The Prayers and Tears of Jacques Derrida. Religion without Religion, Bloomington 1997.
Ders., The Insistence of God. A Theology of Perhaps, Bloomington 2013.
Ders., The Invention of Revelation. A Hybrid Hegelian Approach with a Dash of Deconstruction, in: Ingolf U. Dalferth and Michael Ch. Rodgers (Hg.), Revelation. Claremont Studies in the Philosophy of Religion, Conference 2012 (Religion in Philosophy and Theology, Bd. 74), Tübingen 2014, 73–92.
Ders., Hoping Against Hope. Confessions of a Postmodern Pilgrim, Minneapolis 2015.
Ders., Proclaiming the Year of the Jubilee. Thoughts on a Spectral Life, in: Erin Schendzielos (Hg.), It Spooks. Living in Response to an Unheard Call, Rapid City, SD 2015, 10–47.
Ders., The Weakness of God. A Radical Theology of the Cross, in: Christophe Chalamet / Hans-Christoph Askani (Hg.), The Wisdom and Foolishness of God. First Corinthians 1–2 in Theological Exploration, Minneapolis 2015, 21–66.
Edmund College / Bernard McGinn (Hg.), Meister Eckhart. The Essential Sermons, Commentaries, Treatises and Defense, New York 1981.
Jean-Louis Chrétien, Das verwundete Wort. Phänomenologie des Gebets, in: Ingolf U. Dalferth / Simon Peng-Keller (Hg.), Beten als verleiblichtes Verstehen (Quaestiones Disputatae, Bd. 275), Freiburg / Basel / Wien 2016, 50–82.
John Dominic Crossan, Jesus. Ein revolutionäres Leben (Beck'sche Reihe, Bd. 1144), München 1996.
Richard Dawkins, Der Gotteswahn, Berlin ⁴2018.
Gilles Deleuze, Logik des Sinns, Frankfurt a. M. 1993.
Daniel Dennett, Den Bann brechen. Religion als natürliches Phänomen, Frankfurt a. M. 2008.
Jacques Derrida, Wie nicht sprechen. Verneinungen (Edition Passagen, Bd. 29), Wien 1989.

Ders., Grammatologie, Frankfurt a. M. ³1990.
Ders., Gesetzeskraft. Der »mystische Grund der Autorität« (edition suhrkamp, Bd. 1645), Frankfurt a. M. 1991.
Ders., Circumfession. Fifty-nine Periods and Periphrases, in: Geoffrey Bennington / Jacques Derrida, Jacques Derrida, Chicago 1993, 1–322.
Ders., Den Tod geben, in: Anselm Haverkamp (Hg.), Gewalt und Gerechtikgeit. Derrida-Benjamin, Frankfurt/M. 1994, 331–445.
Ders., Cosmopolitanism and Forgiveness. London / New York 1997.
Ders., Die unbedingte Universität, Frankfurt 2001.
Ders., Politik der Freundschaft, Berlin 2002.
Ders., Acts of Religion. Edited and with an Introduction by Gil Anidjar, New York / London, 2002.
Ders., Marx' »Gespenster«. Der Staat der Schuld, die Trauerarbeit und die neue Internationale (Suhrkamp-Taschenbuch Wissenschaft 1659), Frankfurt a. M. 2003.
Ders., Schurken. Zwei Essays über die Vernunft, Berlin 2005.
Ders., Von der Gastfreundschaft (Passagen Forum), Wien ³2015.
Ders., Glaube und Wissen. Die beiden Quellen der »Religion« an den Grenzen der bloßen Vernunft, in: ders. / Gianni Vattimo (Hg.), Die Religion (edition suhrkamp, Bd. 2049), Frankfurt a. M. ⁵2017, 9–106.
Arthur J. Dewey et al. (Hg.), The Authentic Letters of Paul: A new reading of Paul's rhetoric and Meaning. The Scholars Version, Salem, OR 2010.
Etienne Gilson, The Christian Philosophy of St. Thomas Aquinas. A catalogue of St. Thomas's Works. Notre Dame, Indiana 1994.
Sam Harris, Das Ende des Glaubens. Religion, Terror und das Licht der Vernunft, Winterthur ²2019.
Georg Wilhelm Friedrich Hegel, 3. Die vollendete Religion, in: Walter Jaeschke (Hg.): G. W. F. H. Vorlesungen über die Philosophie der Religion 5, Hamburg 1984.
Martin Heidegger, Der Satz vom Grund, Pfullingen 1958.
Ders., Phänomenologie und Theologie, Frankfurt a. M. 1970.
Ders., Sein und Zeit, Tübingen 2006.
Christopher Hitchens, Der Herr ist kein Hirte. wie Religion die Welt vergiftet, München 2009.
Søren Kierkegaard, Gesammelte Werke III Furcht und Zittern, Düsseldorf / Köln ²1954.
Jacques Lacan, Der Triumph der Religion welchem vorausgeht der Diskurs an die Katholiken, Wien 2006.
Emmanuel Levinas, Jenseits des Seins oder anders als Sein geschieht. Freiburg i.Br. 1992.
Ders., Totalität und Unendlichkeit. Versuch über die Exteriorität (Alber-Studienausgabe), Freiburg i.Br. / München ⁴2003.
Jean-François Lyotard (Hg.), Das postmoderne Wissen. Ein Bericht, Wien ⁹2019.
Catherine Malabou, The Future of Hegel. Plasticity, Temporality and Dialectic, New York, 2005.
Russell Re Manning (Hg.), Retrieving the Radical Tillich. His Legacy and Contemporary Significance, New York, 2015.
Jean-Luc Marion, »Is the Ontological Argument Ontological?« In: Journal of the History of Philosophy 30, 2 (1992), 201–18.
Ders., Gott ohne Sein, Paderborn 2013.
Dale B. Martin, The Corinthian Body, New Haven 1995.
Meister Eckhart, Beati pauperes spiritu (Q52), Mittelhochdeutsch-Neuhochdeutsch, in: Uta Störmer-Caysa (Ed.), Meister Eckhart. Deutsche Predigten. Eine Auswahl, Stuttgart 2001, 108–123.

Nietzsche, Friedrich, Zur Geneaologie der Moral. Eine Streitschrift, in: Paolo D'Iorio (Hg.), Friedrich Nietzsche, Digitale Kritische Gesamtausgabe. Werke und Briefe (eKGWB), auf der Grundlage der Kritischen Gesamtausgabe Werke, herausgegeben von Giorgio Colli und Mazzino Montinari, Berlin/New York, Walter de Gruyter, 1967ff. und Nietzsche Briefwechsel Kritische Gesamtausgabe, Berlin/New York, Walter de Gruyter, 1975ff., online: http://www.nietzschesource.org/#eKGWB/GM [Zugriff: 16.08.2021].

Josef Pieper, Über die Tugenden. Klugheit – Gerechtigkeit – Tapferkeit – Maß, München 2004.

Marguerite Porete, Der Spiegel der einfachen Seelen. Mystik der Freiheit, Wiesbaden 2011.

Angelus Silesius, Cherubinischer Wandersmann oder Geist-Reiche Sinn- und Schluß-Reime zur Göttlichen beschaulichkeit anleitende, Glatz ²1675.

Paul Tillich, Der Protestantismus. Prinzip der Wirklichkeit. Stuttgart, 1950.

Ders., Der Mut zum Sein. New Haven, 1952.

Ders., Zwei Wege der Religionsphilosophie, in: Der. Gesammelte Werke, Bd. V: Die Frage nach dem Unbedingten. Schriften zur Religionsphilosophie, hg. von Renate Albrecht, Stuttgart: Ev. Verlagswerk 1964, 122–137.

Gianni Vattimo, Jenseits des Christentums. Gibt es eine Welt ohne Gott, München 2004.

Géza Vermès, Vom Jesus der Geschichte zum Christus des Dogmas, Berlin 2016.

Resonanzen: Zugänge zu John D. Caputos »Die Torheit Gottes«

Nachdem Sie dieses Buch gelesen haben, stellen sich Ihnen vielleicht ganz unterschiedliche Fragen: Wo fordert Caputo meinen Zugang zu Religion heraus, wo trifft er Fragen, Zweifel oder Bilder, die ich selbst habe, was hat für mich Relevanz, was irritiert mich, was erlebe ich als befreiend? Wir wollen Ihnen abschließend von drei Personen, die in sehr unterschiedlichen Rollen im Kontext katholischer Kirche arbeiten, mögliche »Blick-Winkel« anbieten über dieses Buch nachzudenken und es so für Sie selbst fruchtbar zu machen.

Helena Rimmele, Gemeindereferentin in Emmendingen bei Freiburg, hat dieses Buch bei Exerzitien in einem bayrischen Kloster für sich entdeckt und empfand es als ungeheuer ehrlich und befreiend. Deshalb hat sie es wärmstens weiterempfohlen.

Herbert Rochlitz, Pfarrer in Emmendingen, hat sich von dieser Begeisterung anstecken lassen und kam durch interessierte Freunde auf die Idee, in der Coronazeit das Buch zusammen mit Helena Rimmele ins Deutsche zu übersetzen.

Michael Schüßler, Praktischer Theologe an der Universität Tübingen, beschäftigt sich schon länger mit John D. Caputo und seiner schwachen Theologie des Ereignisses. Er hat viele der englischsprachigen Bücher Caputos im Regal und ist sehr interessiert an der Übersetzung von seinen Texten.

Trialog: Zugänge in verschiedenen Perspektiven

Michael Schüßler: Mein Zugang zu Caputo lief über das Ereignis. Während der Habilitationsphase zu veränderten Zeitpraktiken in Theologie und Kirche hat mich Christian Bauer, ein befreundeter Kollege in Innsbruck, auf Caputo aufmerksam gemacht. Ich war damals ziemlich unzufrieden mit dem metaphysischen Gott als »feste Burg« ewiger Allmacht, als höchste Höhe oder tiefste Tiefe, genauso aber auch mit der geschichtstheologischen Vorstellung, wir seien alle ein Teil in Gottes großem Heilsplan, weshalb man sich wie ein Glied in der Kette der Überlieferung in die Tradition bzw. in die Gemeinde etc. einzugliedern habe (und das als Freiheit verstehen solle). Johann B. Metz hat mal gesagt, im 20. Jahrhundert sei aus dem »Gott über uns« ein »Gott vor uns« geworden. Beide

Vorstellungen waren mir aber mit zu großer Gewissheit konzipiert, so als ob Gott oder das Reich Gottes das große Ziel seien, zu dem »wir« kirchlich Gebundene möglichst viele mitnehmen müssten. Das fand ich für meine Lebenserfahrung, in der die Dinge ständig anders sind, vielfältig und selten eindeutig, einfach wenig glaubhaft.

Caputo denkt Gott als Name für »Ereignisse im Kommen«, als schwaches, aber entscheidendes »Vielleicht« im Dazwischen und das war faszinierend. Dann entdeckt man »so viele unterschiedliche Weisen, mit der grundlegenden Ereignishaftigkeit des Lebens umzugehen, des Lebens in der Zeit, im Leben als Zeit, so viele Weisen, den Raum zwischen dem Bedingten und dem Unbedingten zu bewohnen« (S. 129). Zugleich orientiert sich Caputo an biblischen Texten und vor allem an der Reich-Gottes-Botschaft, allerdings in seiner dekonstruktivistischen Perspektive. Das verhindert – so hoffe ich zumindest –, dass alles in letztlich harmlose individualistische Poesie abgleitet. Damit möchte ich keineswegs allen großartigen Lyrikerinnen und Lyrikern zu nahe treten, aber ich bin eben zugleich von befreiungstheologischem Denken und Handeln geprägt. Die Sprache des Glaubens mag Poesie sein, aber sie geht nicht völlig ohne den praktischen Erfahrungskontext, nicht ohne das Ereignis befreiender Solidarität, in dem bedrängte und arm gemachte Menschen zum Leben kommen.

Eine weiterführende Frage dazu wäre, was bei aller Dekonstruktion Caputo selbst eigentlich im Letzten entscheidend wichtig ist, was ihn (mit Tillich) »unbedingt angeht« in seinem Denken. An diesem Punkt ist meine Frage an die Erfahrungen in der Pastoral: Was ist für die alltägliche kirchliche und seelsorgliche Arbeit eigentlich das Neue, das Inspirierende und Irritierende an Caputos Text? Er verbindet ja eigentlich Positionen, die als »schwaches Denken« in der Theologie schon lange bekannt und verbreitet sind, von Meister Eckhart über Walter Benjamin bis hin zu Paul Tillich und Jacques Derrida (und warum sind es eigentlich alles Männer?).

Helena Rimmele: Zunächst einmal kann ich von der Wirkung erzählen, die dieses »verrückte« Buch auf mich hatte: tiefes Aufatmen und Wiedererkennen. Da traut sich einer, mit klar benanntem theologischem und philosophischem Fundament zu Ende zu denken und zu formulieren, ohne das »Einerseits und Andererseits« und das taktische Verschweigen zeitgenössischer Theologie. Anders als die umschreibende, das Überkommene rechtfertigende und erklärende Redeweise vieler Theologen bezieht Caputo klar, entschieden und leidenschaftlich Position und benennt auch, wo Gottesbilder und Glaubens-»Wahrheiten« heute nicht mehr vereinbar sind mit dem Empfinden der Menschen. Das ist mir sympathisch, weil es meiner Rede- und Denkweise entspricht. Caputo bleibt nicht bei der Destruktion des Überkommenen stehen, sondern formuliert eine zeitgemäße Rede von Gott. Und ich habe beim Lesen herzlich gelacht. Ich genieße die fröhliche Leichtigkeit, die pointierte Schärfe der Formulierungen und die geistreichen Wortspiele (schade, dass sich nicht alle ins Deutsche übertragen lassen). Das macht einfach Spaß zu lesen.

Die verrückte Idee, die Corona Zeit zu nutzen und dieses Buch vom Englischen ins Deutsche zu übersetzen, hat zu einer intensiven Auseinandersetzung mit den Gedanken Caputos geführt. Sie waren Grundlage, Folie und Herausforderung, mit der wir viele Themen, die die Pandemie in der Kirchengemeinde ans Licht gebracht hat, neu diskutiert haben. Für Herbert Rochlitz und mich war es im Ringen um Verständnis und Formulierungen ein Prozess der Klärung und Vergewisserung und das Entwickeln eines neuen Sprechens vom Göttlichen. An einzelnen Themen entzündeten sich zum Teil heftige Dispute, so z. B. am Thema »Wettersegen«. »Gott schenke euch gedeihliches Wetter; er halte Blitz, Hagel und jedes Unheil von euch fern.« Mein vehementes »Wie kannst du nur... Das ist doch wirklich ein Beispiel für den Gott in der Höhe, der nach Belieben Tiefdruckgebiete schiebt« wurde von Herbert Rochlitz mit »Theopoesie« und dem weiten Herzen für den Glaubenssinn der Menschen im Gottesdienst gekontert. Andere Beispiele waren die Frage nach zeitgemäßen Formulierungen liturgischer Texte und auch besonders intensiv das Ringen um die Frage, wie die Eucharistie heute zu verstehen und zu feiern ist. Wie können wir zu dem vordringen, was – um es mit Caputos Worten zu sagen – »found not made« ist? Wie gestalten wir Eucharistie, damit sie nicht als »Manifestation priesterlicher Macht«, sondern als Mahl der Stärkung der Weggefährten (»fellowship«) und der »Bevollmächtigung« (empowerment) zum Handeln erfahren werden kann? Da haben wir manches auch für uns selbst vorangebracht und weiterentwickelt, bei manchem sind wir uns aber auch nicht einig geworden und gehen mit der Theologie von Caputo sehr unterschiedlich um.

In verschiedenen Gesprächskreisen und bei Fortbildungen für Studie-

rende haben wir die Kerngedanken vorgestellt und es war spannend zu sehen, wie die Menschen reagierten. Eine junge Frau meinte (ebenfalls mit erkennbarem Aufatmen): »Ich bin ja doch nicht allein mit meinen ketzerischen Gedanken«. Wir erleben Menschen, die fast euphorisch die Grundgedanken des Buches rezipieren und sich daran freuen. Dieses Sprechen von Gott wird als neu und anders erlebt, es antwortet auf die eigenen Fragen und Zweifel und eignet sich daher auch für den Dialog mit gläubigen und ungläubigen Zeitgenossen.
Einige der Zuhörerinnen und Zuhörer reagierten aber auch zutiefst verunsichert, weil manches, was ein Leben lang Halt und Sicherheit gab, ins Wanken kommt und das Neue, das an seine Stelle tritt, noch nicht zu sehen und zu greifen ist. Das führte bei manchen auch zu vehementen und zum Teil aggressiven Reaktionen auf die Gedanken dieses Buches. Da wird die Notwendigkeit gesehen, die »christliche Wahrheit« zu verteidigen und der respektlose Umgang mit dem, was Menschen heilig ist, wird kritisiert.
Herbert Rochlitz: Mich bewegt bei der Frage nach dem Neuen, Inspirierenden und Irritierenden an Caputos Gedanken als erstes das, was Caputo den Ruf nennt: Schon länger waren und sind mir die »festen Burgen«, orthodoxen Gewissheiten und Antworten in der Religion zunehmend unbehaglich und suspekt geworden. Ich misstraue – auch mir selbst, wenn es zu schnelle und einfache »good news« der Priester gibt nach dem Motto »Mit Gott/Jesus wird alles gut!« Dennoch bin ich natürlich überzeugt, dass Glaube und Religion tatsächlich »gute Botschaft« für mich, für die Menschen und die Welt in sich trägt. Diese Ambivalenz wird für mich gut widergespiegelt in Caputos zunächst einmal irritierenden Gedanken, dass »Gott nicht existiert, sondern insistiert«, dass er sozusagen nur in der Gestalt des Rufs »zu haben ist«, der uns fordert, lockt und nicht zur Ruhe kommen lässt. Religion nicht als »Ruhekissen«, sondern als Anspruch, der mich weitertreibt und zum Handeln ruft – das ist Inspiration und irritierende Herausforderung zugleich.
Michael Schüßler: Das Thema des Rufs trifft sich aus meiner Sicht sehr gut auch mit Caputos Ereignisbegriff, über den es ihm nach meiner Wahrnehmung gelingt, ganz viele Spannungen und Kontraste »auf Zug zu halten« und nicht in die eine oder andere Richtung abkippen zu lassen: Gott nicht als letztes Prinzip des Universums, nicht als höchstes Wesen,

nicht als handelnde Person, sondern als »Name für das, was im Namen Gottes vor sich geht«.
Allerdings geht es auch mir oft so, wie es Helena Rimmele beschrieben hat: Wenn ich solche Theologie in Vorträgen aufgreife, kommt oft schnell die Frage: Was soll ich mit einem schwachen Gott? Was soll ich mit einem wenig greifbaren Unbedingten? Löst sich dann nicht alles am Glauben (vielleicht eben auch an eigenen Glaubens- und Sicherheitsbedürfnissen) auf ins Nichts, in ein vages Vielleicht, in reine Poesie: schön zu lesen, aber ungeeignet für die Bewältigung von Angst, Schmerz, Tod und Trauer? »I never promised you a rose garden« schreibt Caputo, aber genau das ist eine Erwartung an Kirche, Religion und Theologie, mit der ich oft konfrontiert bin. Das ist ja gerade die verführerische »good news«, von der Herbert Rochlitz sprach. Ist Theologie dafür da, um zu verkünden, dass am Ende ganz sicher alles gut sein wird? Was löst demgegenüber Caputos Verunsicherung auch einer sicheren letzten Gerechtigkeit (das ist seine Kritik an der Rahmenerzählung der Weltgerichtsszene in Mt 25) bei Menschen in Pastoral und Gemeinde aus?
Herbert Rochlitz: Gerade von dieser Interpretation der Weltgerichtsszene war ich sehr beeindruckt und begeistert. Denn im Kontext der Pastoral stellt sich immer wieder die Frage, wie wir gut und redlich mit Bibeltexten umgehen können. Für manche von traditioneller Religion geprägte Gläubige fällt eine Welt zusammen, wenn Bibeltexte nicht mehr wie eine wörtliche Tatsachenbeschreibung verstanden werden – und das gilt in besonderem Maß für diese Szene des »allmächtigen Weltenrichters«. Dass die Pointe dieser Geschichte die bedingungslose, nicht berechnende Zuwendung zu bedürftigen Menschen und nicht das Schielen auf himmlischen Lohn oder die Angst vor Höllenstrafen ist, wirkt für mich und auch für viele in den Gemeinden ungeheuer befreiend.
Gerade deshalb stellt sich aber immer wieder verschärft die Frage, was wir dann mit den zahlreichen Bibel- und liturgischen Texten anfangen sollen, die »hohe und mächtige« Gottesbilder entwerfen. Ein Zugangsweg, der mir dabei weiterhilft, ist für mich Caputos Ansatz, viele dieser Texte als »Theopoesie« voller kraftvoller Bildworte zu verstehen. Theopoesie steht für mich dafür, dass in religiösen Texten und Traditionen große Wahrheit und Weisheit zu finden sind, aber nicht in Gestalt von historischen oder wissenschaftlichen Wahrheiten, sondern eben »theopoetisch« verstanden. Zugleich ist mir sehr bewusst, dass dieser Begriff

auch verführerisch ist, weil er dazu verleiten kann, am Ende eben doch alle auch schrägen und nicht mehr annehmbaren Gottesbilder zu rechtfertigen, indem man sie als »Theopoesie« verbucht. Die überkommenen Geschichten, liturgischen Texte und Rituale und eingeübten Ausdrucksformen der Frömmigkeit sind »Container der Hoffnung und Sehnsucht«, wie es Caputo ausdrückt, sie spiegeln aber auch die Bedingungen ihrer Entstehungszeit. Werden wir mutig genug sein, Ballast hinter uns zu lassen, der Menschen hindert, das Kostbare zu entdecken und bewirkt, dass sie sich kopfschüttelnd abwenden?

Helena Rimmele: Mir scheint dieses Buch tatsächlich die richtigen Impulse für eine ungesicherte Zeit zu geben. In vielerlei Hinsicht zerbröckeln gerade Gewissheiten, in der Kirche und in der Welt. In den Kirchengemeinden werden durch die Corona-Pandemie vertraute und treu aufrecht erhaltene Traditionen fragwürdig und viele erleben vielleicht zum ersten Mal, dass sie zu einem guten und glücklichen Leben den Glauben oder zumindest die Kirche nicht brauchen. Sie sind damit in guter Gesellschaft der vielen, die das schon lange so sehen und leben. Auf schwankendem Grund angesichts von Klimakrise, Pandemie und der Infragestellung der Demokratie in zahlreichen Ländern kommt der Rückgriff auf den stabilisierenden Glauben an einen allmächtigen und lenkenden Gott-König offensichtlich nicht mehr in Frage. Das Bild von Gott in der Höhe passt nicht mehr zum Lebensgefühl der Menschen, dieses feudalistische Oben und Unten läuft völlig konträr zu ihrem Selbstverständnis. Es gibt keine Brücke mehr zu diesen Bildern und wenn es versucht wird, dann befördert es höchstens fundamentalistische Tendenzen. In diese Situation hinein ist Caputos Rede vom schwachen und rufenden Gott elektrisierend und eröffnet einen neuen Zugang zu einer Spiritualität des Hörens auf den Ruf, des hingebungsvollen Einsatzes für die Vision Jesu, das Reich Gottes.

Herbert Rochlitz: Zugleich habe ich auch Verständnis für die Irritation, die Caputos Gedanken bei religiös geprägten Menschen auslösen können. An einem Punkt, den Helena Rimmele bereits weiter oben erwähnt, habe ich selbst meine kritische Anfrage an Caputo: So sehr ich ihm folgen kann bei der Dekonstruktion vieler Gottesbilder, ist für meine Religiosität das »DU« Gottes doch sehr entscheidend. Als wir vor Studierenden Caputos Buch referiert haben, lautete eine kritische Nachfrage: »Kann man denn dem Unbedingten sein Leben anvertrauen?« Darin liegt für mich ein berechtigtes Korrektiv zu Caputos Gedanken. Allerdings hatte ich den Eindruck, dass er zumindest etwas von diesem »göttlichen DU« wiederfindet in der Person des Jeshua, wie er Jesus in Abgrenzung zu überhöhenden Christusbildern nennt. Dies wiederum entspricht sehr stark auch meiner Spiritualität. Oder, wie es mein Exerzitienbegleiter einmal bildhaft, aber für mich sehr prägnant ausgedrückt hat: »In Jesus hat Gott uns das Du angeboten!«

Michael Schüßler: Auf die Frage »Kann man dem Unbedingten sein Leben anvertrauen?« wäre meine Rückfrage: »Wem denn sonst?« Es ist eine großartige und zentrale Frage: In welche Vorstellungswelt ist das »Du« Gottes die Eintrittstür? Aber braucht man es in dieser Form überhaupt? Wie entkommt man dem gütigen Patriarchen, den Michelangelo in der Sixtinischen Kapelle darstellt? In der Offenbarungskonstitution des II. Vatikanums (Dei Verbum 2) heißt es: »In der Offenbarung spricht der unsichtbare Gott [...] die Menschen an wie Freunde...«. Welches »Du« ist es dann, auf das mit Herrn Rochlitz nicht zu verzichten wäre?

Helena Rimmele: Meine Rückfrage wäre deshalb eher: Warum willst du denn jemandem dein Leben anvertrauen? Stell dich auf deine Füße, Menschentochter... Ist das nicht eine sehr kindliche Frage und wir sollten erwachsenen werden? Ja, in Caputos Buch stecken tatsächlich Herausforderungen, für den persönlichen Glauben aber auch für Pastoral und Kirche insgesamt.

Wird es uns als Seelsorger*innen gelingen, diese »radikale Theologie« so ins Wort, aber auch ins Handeln zu bringen, dass sie den Menschen hilft, geistlich zu wachsen? Wir sind als Poet*innen und Denker*innen herausgefordert, dieses neue Sprechen und Singen zu dichten und zu komponieren und uns dabei inspirieren zu lassen von dem Visionär und begnadeten Geschichtenerzähler Jeshua.

Als Kirche sind wir ins Offene gerufen, herausgefordert das Ereignis zu fördern und nicht durch hilflose Stabilisierungsmaßnahmen zu verhindern. Caputo sagt deutlich: Es kann gut gehen, es kann aber auch krachend scheitern. Aber es hilft nichts: »We are the ones that God has been waiting for. We are the ones who are on the spot, called upon, called out, called to act.«[65]

---

65 | John D. Caputo, The Folly of God. A Theology of the Unconditional, Salem/Oregon 2016, 127.

Epilog: Caputo in der deutschsprachigen Theologie
Michael Schüßler: In einem Überblicksartikel zur Gottesfrage in zeitgenössischer Religionsphilosophie landet die Fundamentaltheologin Saskia Wendel nach den neueren analytisch-philosophischen Debatten des Theismus zu Ewigkeit und Allmacht Gottes am Ende bei der Position des »schwachen Vielleicht« von John D. Caputo[66]. Caputo wird also auch hierzulande langsam als einer der wichtigsten Vertreter kontinentaler Religionsphilosophie im englischsprachigen Raum wahrgenommen, also der in Europa entstandenen Denkformen Phänomenologie, Hermeneutik und Dekonstruktion. Immer wieder erzählt er in seinen Texten davon, wie wichtig zwei widerstreitende biographische Quellen für sein Denken geworden sind: seine katholische Sozialisation und die faszinierende Begegnung mit Jacques Derridas dekonstruktiver Philosophie.

Caputo hatte bereits mit der Studie »The Weakness of God« die Umrisse einer schwachen Theologie des Ereignisses vorgelegt.[67] Er macht darin den Vorschlag, Gott als den Namen für ein Ereignis zu verstehen und Theologie als radikale Hermeneutik dieses Ereignisses.[68] Wichtig scheint die immer wieder neu zu leistende Überwindung der einflussreichen neuplatonischen Theologie: Der »logos« steckt nicht allein als Abbild im Wort, sondern im Ereignis, das mit einem Namen verbunden ist und zugleich alle Worte und Begriffe übersteigt, sie in Unruhe versetzt. Im Anfang war nicht (nur) das Wort. Der Anfang vor dem Wort war das damit benannte Ereignis Gottes, das sich in menschlichen Erfahrungen ausdrückt und mit vielen Worten, Begriffen und Konzepten verbunden, aber doch nie ganz verstanden wird. Ein Name ist sprachlich kontrollierbar, das Ereignis ist es nicht. Das Ereignis Gottes kann letztlich nicht in ein Bekenntnis oder eine Glaubensformel eingesperrt werden. Das Ereignis (eines Unbedingten) ist Teil von Welt und Existenz, überschreitet damit die Grenzen religiöser Gemeinschaften und Kirchen und geschieht quer zu seiner benennenden Interpretation als religiös oder säkular. Und dies, so Saskia Wendel, »in Form nicht eines Seins oder Wesens, sondern

---

[66] Saskia Wendel, Streit und Religion – Streit und Gott. Aktuelle Debatten der Religionsphilosophie, in: ThRev 114 (2018), S. 4–20.
[67] John D. Caputo, The Weakness of God. A Theology of the Event, Bloomington 2006.
[68] Vgl. Michael Schüßler / Judith Gruber, Das Ereignis theologisch denken. Eine einführende Spurensuche, in: SaThZ 21 (2017), S. 1–24, hier S. 6–10, sowie Michael Schüßler, Mit Gott neu beginnen. Die Zeitdimension von Theologie und Pastoral in ereignisbasierter Gesellschaft, Stuttgart 2013 (Praktische Theologie heute, Bd. 134).

eines Geschehens – eine klare Absage an die Substanzontologie und die Ontotheologie mit Anklängen an ereignisontologische Metaphysiken.«[69] Sie paraphrasiert Caputo zustimmend: »Gott ereignet sich überall und auf jegliche denkbare Art und Weise, [...] eine Gottesrede mit prekärem Status, geeignet für die grundsätzlich prekäre Situation, in der wir unser Leben führen.«[70] Gott ist nicht höchstes Wesen und auch nicht einfach Person im rein menschlichen Sinne, sondern Name für schwache Ereignisse des Unverfügbaren, wie sie biblisch bezeugt und bis heute zu finden sind. »Gefordert ist daher von uns eine (religiöse) Haltung der Gastfreundschaft und eines responsorischen Tätigseins, offen für das unvordenkliche Ankommen Gottes, das sich jederzeit und überall vollziehen kann.«[71] Caputos Theopoetik nimmt dabei Maß an der Reich Gottes-Botschaft Jesu, an der Solidarität mit den Gefährdeten und Geringsten. Immer läuft die kapitalismuskritische Spur politischer Theologie mit, die er nicht zuletzt bei Johann B. Metz und Jürgen Moltmann gefunden hat.

Und noch etwas anderes gibt Caputos Ansatz aktuelle Brisanz: Die Erschütterung der Katholischen Kirche durch sexuelle und geistliche Gewalt von Priestern und Ordensleuten bringt viele ehemalige Sicherheiten des Glaubens in Alltagsfrömmigkeit und gelehrter Dogmatik ins Wanken. Seit die Stimmen von betroffenen Menschen unüberhörbar sprechen können, kann dieser Wirklichkeit niemand mehr ausweichen: Falsche Sakralisierungen von Priestern und Kirchenstrukturen durch charismatische und als heilig aufgeladene Macht werden als solche sichtbar und es beginnt die Suche danach, wie (wenn überhaupt noch) nicht trotzdem, sondern anders zu glauben wäre.[72] Man kann Caputos Texte als eine Lernmöglichkeit auf diesem Weg verstehen, die epistemische Gewalt tradierter Gottes- und Glaubensvorstellungen heilsam zu schwächen. Denn Gott existiert bei Caputo nicht als letzter Grund oder höchste Person oder sicheres Endziel der Geschichte, dem man sich nur noch unter- oder einzuordnen habe. Von Gott her insistiert vielmehr etwas, drängt beharrlich zu Achtsamkeit, Gastfreundschaft und einer kommen-

---

69 | Saskia Wendel, Streit und Religion – Streit und Gott. Aktuelle Debatten der Religionsphilosophie, in: ThRev 114 (2018), S. 4–20, S. 20.
70 | Ebd.
71 | Ebd.
72 | Vgl. Hans-Joachim Sander, Anders glauben, nicht trotzdem. Sexueller Missbrauch der katholischen Kirche und die theologischen Folgen, Ostfildern 2021.

den, je größeren Gerechtigkeit – allerdings ohne die Sicherheit eines immer guten Endes, sondern im Risiko der Ereignisse. Gott setzt sich in der Schöpfung von Mensch und Kosmos selbst aufs Spiel, und zwar als Gnade ohne Warum, als ein »Vielleicht«. Friederike D. Rass übersetzt den Titel von Caputos Buch »The Insistence of God. A Theology of Perhaps« (2013) in ihrer Dissertation deshalb sehr treffend als »bedingungslose Beharrlichkeit Gottes«[73] uns ins Offene zu rufen.

Bisher sind nur sehr wenige Texte von Caputo in deutscher Sprache zugänglich. In der deutschsprachigen Ausgabe der Internationalen Zeitschrift Concilium (Heft 3/2020) findet sich mit dem Titel »Gottes konjunktivische Macht« eine sehr kurze Zusammenfassung seines Denkens.[74] Und im von René Dausner herausgegebenen Band zum irisch-amerikanischen »Religionsintellektuellen« Richard Kearney kann man ein Streitgespräch der beiden zur Gottesfrage lesen.[75] Umso mehr freuen wir uns, dass jetzt mit diesem Buch ein tieferer Einblick in das Denken von John D. Caputo auch für deutschsprachige Leserinnen und Leser möglich wird. Wir wünschen ihnen ähnlich kreative Inspirationen, wie jene, von denen wir hier kurz berichten durften.

---

73 | Friderike D. Rass, Die Suche nach Wahrheit im Horizont fragmentarischer Existenz, Tübingen 2017.
74 | John D. Caputo, Gottes konjunktivische Macht, in: Concilium, 56 (2020), Heft 3, 234–241.
75 | Richard Kearney, Revisionen des Heiligen. Streitgespräche zur Gottesfrage, Freiburg/Brsg. 2019, 243–272.

Über den Verfasser

John D. Caputo, emeritierter Professor am von Thomas J. Watson gestifteten Lehrstuhl für Theologie an der Universität von Syracuse (New York) und am von David R. Cook gestifteten Lehrstuhl für Philosophie an der Universität von Villanova (Pensylvania), ist ein amerikanischer Philosoph und Theologe, der auf dem Gebiet der »schwachen« oder »radikalen« Theologie arbeitet und dabei auf hermeneutische und dekonstruktivistische Ansätze zurückgreift. Seine zuletzt veröffentlichten Bücher sind:
In Search of Radical Theology: Expositions, Explorations, Exhortations (2020); Cross and Cosmos: A Theology of Difficult Glory (2019); eine Neuauflage von Deconstruction in a Nutshell: A Conversation with Jacques Derrida (New York: 1997, 2020); Hermeneutics: Facts and Interpretation in the Age of Information (2018) und eine Neuauflage von On Religion (2019). The Essential Caputo (2018) ist eine Sammlung seiner Werke ab den frühen Siebziger Jahren. Sein nächstes Buch, das in der Indiana University Press erscheint, trägt den Titel: Specters of God: An Anatomy of the Apophatic Imagination.
In seinen wichtigsten Werken hat er aufgezeigt, dass Interpretation bis ganz nach unten durchgehen muss (Radical Hermeneutics, 1987), dass Derrida ein Denker ist, mit dem die Theologie rechnen sollte (The Prayers and Tears of Jacques Derrida, 1997); dass der Theologie am besten gedient ist, wenn sie über ihre Liebesaffäre mit der Macht und der Autorität hinwegkommt und stattdessen das annimmt, was Caputo nach einem Wort des Heiligen Paulus »Die Schwachheit Gottes« nennt (The Weakness of God: A Theology of the Event, 2006); dieses Buch gewann den American Academy of Religion award für herausragende Leistungen in der Kategorie der konstruktiven Theologie; und das Gott nicht existiert, sondern insistiert (The Insistence of God: A Theology of Perhaps). Seit er 2011 in den Ruhestand ging, hat er in verschiedenen kirchlichen Gruppierungen und Gemeinschaften, die an einem progressiveren Konzept von Religion interessiert sind, Vorträge gehalten und auch ein besonderes Interesse daran entwickelt, sich in Büchern wie What Would Jesus Deconstruct? (2006) oder Hoping against Hope: Confessions of a Postmodern Pilgrim (Fortress, 2015) an ein breiteres Publikum zu wenden.